SPAANS
WOORDENSCHAT

THEMATISCHE WOORDENLIJST

NEDERLANDS SPAANS

De meest bruikbare woorden
Om uw woordenschat uit te breiden en
uw taalvaardigheid aan te scherpen

5000 woorden

Thematische woordenschat Nederlands-Spaans - 5000 woorden
Door Andrey Taranov

Woordenlijsten van T&P Books zijn bedoeld om u woorden van een vreemde taal te helpen leren, onthouden, en bestudering. Dit woordenboek is ingedeeld in thema's en behandelt alle belangrijk terreinen van het dagelijkse leven, bedrijven, wetenschap, cultuur, etc.

Het proces van het leren van woorden met behulp van de op thema's gebaseerde aanpak van T&P Books biedt u de volgende voordelen:

- Correct gegroepeerde informatie is bepalend voor succes bij opeenvolgende stadia van het leren van woorden
- De beschikbaarheid van woorden die van dezelfde stam zijn maakt het mogelijk om woordgroepen te onthouden (in plaats van losse woorden)
- Kleine groepen van woorden faciliteren het proces van het aanmaken van associatieve verbindingen, die nodig zijn bij het consolideren van de woordenschat
- Het niveau van talenkennis kan worden ingeschat door het aantal geleerde woorden

Copyright © 2024 T&P Books Publishing

Alle rechten voorbehouden. Niets uit deze uitgave mag worden verveelvoudigd, opgeslagen in een geautomatiseerd gegevensbestand en/of openbaar gemaakt in enige vorm of op enige wijze, hetzij elektronisch, mechanisch, door fotokopieën, opnamen of op enige andere manier zonder voorafgaande schriftelijke toestemming van de uitgever. U mag dit boek niet verspreiden in welk formaat dan ook.

T&P Books Publishing
www.tpbooks.com

ISBN: 978-1-78492-343-3

Dit boek is ook beschikbaar in e-boek formaat.
Gelieve www.tpbooks.com te bezoeken of de belangrijkste online boekwinkels.

SPAANSE WOORDENSCHAT
nieuwe woorden leren

T&P Books woordenlijsten zijn bedoeld om u te helpen vreemde woorden te leren, te onthouden, en te bestuderen. De woordenschat bevat meer dan 5000 veel gebruikte woorden die thematisch geordend zijn.

- De woordenlijst bevat de meest gebruikte woorden
- Aanbevolen als aanvulling bij welke taalcursus dan ook
- Voldoet aan de behoeften van de beginnende en gevorderde student in vreemde talen
- Geschikt voor dagelijks gebruik, bestudering en zelftestactiviteiten
- Maakt het mogelijk om uw woordenschat te evalueren

Bijzondere kenmerken van de woordenschat

- De woorden zijn gerangschikt naar hun betekenis, niet volgens alfabet
- De woorden worden weergegeven in drie kolommen om bestudering en zelftesten te vergemakkelijken
- Woorden in groepen worden verdeeld in kleine blokken om het leerproces te vergemakkelijken
- De woordenschat biedt een handige en eenvoudige beschrijving van elk buitenlands woord

De woordenschat bevat 155 onderwerpen zoals:

Basisconcepten, getallen, kleuren, maanden, seizoenen, meeteenheden, kleding en accessoires, eten & voeding, restaurant, familieleden, verwanten, karakter, gevoelens, emoties, ziekten, stad, dorp, bezienswaardigheden, winkelen, geld, huis, thuis, kantoor, werken op kantoor, import & export, marketing, werk zoeken, sport, onderwijs, computer, internet, gereedschap, natuur, landen, nationaliteiten en meer ...

INHOUDSOPGAVE

UITSPRAAKGIDS	9
AFKORTINGEN	10

BASISBEGRIPPEN 12
Basisbegrippen Deel 1 12

1. Voornaamwoorden 12
2. Begroetingen. Begroetingen. Afscheid 12
3. Hoe aan te spreken 13
4. Kardinale getallen. Deel 1 13
5. Kardinale getallen. Deel 2 14
6. Ordinale getallen 15
7. Getallen. Breuken 15
8. Getallen. Eenvoudige berekeningen 15
9. Getallen. Diversen 15
10. De belangrijkste werkwoorden. Deel 1 16
11. De belangrijkste werkwoorden. Deel 2 17
12. De belangrijkste werkwoorden. Deel 3 18
13. De belangrijkste werkwoorden. Deel 4 19
14. Kleuren 20
15. Vragen 20
16. Voorzetsels 21
17. Functiewoorden. Bijwoorden. Deel 1 21
18. Functiewoorden. Bijwoorden. Deel 2 23

Basisbegrippen Deel 2 25

19. Dagen van de week 25
20. Uren. Dag en nacht 25
21. Maanden. Seizoenen 26
22. Meeteenheden 28
23. Containers 29

MENS 30
Mens. Het lichaam 30

24. Hoofd 30
25. Menselijk lichaam 31

Kleding en accessoires 32

26. Bovenkleding. Jassen 32
27. Heren & dames kleding 32

28. Kleding. Ondergoed	33
29. Hoofddeksels	33
30. Schoeisel	33
31. Persoonlijke accessoires	34
32. Kleding. Diversen	34
33. Persoonlijke verzorging. Schoonheidsmiddelen	35
34. Horloges. Klokken	36

Voedsel. Voeding 37

35. Voedsel	37
36. Drankjes	38
37. Groenten	39
38. Vruchten. Noten	40
39. Brood. Snoep	41
40. Bereide gerechten	41
41. Kruiden	42
42. Maaltijden	43
43. Tafelschikking	44
44. Restaurant	44

Familie, verwanten en vrienden 45

45. Persoonlijke informatie. Formulieren	45
46. Familieleden. Verwanten	45

Geneeskunde 47

47. Ziekten	47
48. Symptomen. Behandelingen. Deel 1	48
49. Symptomen. Behandelingen. Deel 2	49
50. Symptomen. Behandelingen. Deel 3	50
51. Artsen	51
52. Geneeskunde. Medicijnen. Accessoires	51

HET MENSELIJKE LEEFGEBIED 53
Stad 53

53. Stad. Het leven in de stad	53
54. Stedelijke instellingen	54
55. Borden	55
56. Stedelijk vervoer	56
57. Bezienswaardigheden	57
58. Winkelen	58
59. Geld	59
60. Post. Postkantoor	60

Woning. Huis. Thuis 61

61. Huis. Elektriciteit	61

62. Villa. Herenhuis	61
63. Appartement	61
64. Meubels. Interieur	62
65. Beddengoed	63
66. Keuken	63
67. Badkamer	64
68. Huishoudelijke apparaten	65

MENSELIJKE ACTIVITEITEN	66
Baan. Business. Deel 1	66

69. Kantoor. Op kantoor werken	66
70. Bedrijfsprocessen. Deel 1	67
71. Bedrijfsprocessen. Deel 2	68
72. Productie. Werken	69
73. Contract. Overeenstemming	70
74. Import & Export	71
75. Financiën	71
76. Marketing	72
77. Reclame	73
78. Bankieren	73
79. Telefoon. Telefoongesprek	74
80. Mobiele telefoon	75
81. Schrijfbehoeften	75
82. Soorten bedrijven	75

Baan. Business. Deel 2	78

83. Show. Tentoonstelling	78
84. Wetenschap. Onderzoek. Wetenschappers	79

Beroepen en ambachten	81

85. Zoeken naar werk. Ontslag	81
86. Zakenmensen	81
87. Dienstverlenende beroepen	82
88. Militaire beroepen en rangen	83
89. Ambtenaren. Priesters	84
90. Agrarische beroepen	84
91. Kunst beroepen	85
92. Verschillende beroepen	85
93. Beroepen. Sociale status	87

Onderwijs	88

94. School	88
95. Hogeschool. Universiteit	89
96. Wetenschappen. Disciplines	90
97. Schrift. Spelling	90
98. Vreemde talen	91

Rusten. Entertainment. Reizen 93

99. Trip. Reizen 93
100. Hotel 93

TECHNISCHE APPARATUUR. VERVOER 95
Technische apparatuur 95

101. Computer 95
102. Internet. E-mail 96
103. Elektriciteit 97
104. Gereedschappen 97

Vervoer 100

105. Vliegtuig 100
106. Trein 101
107. Schip 102
108. Vliegveld 103

Gebeurtenissen in het leven 105

109. Vakanties. Evenement 105
110. Begrafenissen. Begrafenis 106
111. Oorlog. Soldaten 106
112. Oorlog. Militaire acties. Deel 1 107
113. Oorlog. Militaire acties. Deel 2 109
114. Wapens 110
115. Oude mensen 112
116. Middeleeuwen 113
117. Leider. Baas. Autoriteiten 114
118. De wet overtreden. Criminelen. Deel 1 115
119. De wet overtreden. Criminelen. Deel 2 116
120. Politie. Wet. Deel 1 117
121. Politie. Wet. Deel 2 118

NATUUR 120
De Aarde. Deel 1 120

122. De kosmische ruimte 120
123. De Aarde 121
124. Windrichtingen 122
125. Zee. Oceaan 122
126. Namen van zeeën en oceanen 123
127. Bergen 124
128. Bergen namen 125
129. Rivieren 125
130. Namen van rivieren 126
131. Bos 126
132. Natuurlijke hulpbronnen 127

De Aarde. Deel 2	129
133. Weer	129
134. Zwaar weer. Natuurrampen	130

Fauna	131
135. Zoogdieren. Roofdieren	131
136. Wilde dieren	131
137. Huisdieren	132
138. Vogels	133
139. Vis. Zeedieren	135
140. Amfibieën. Reptielen	135
141. Insecten	136

Flora	137
142. Bomen	137
143. Heesters	137
144. Vruchten. Bessen	138
145. Bloemen. Planten	139
146. Granen, graankorrels	140

LANDEN. NATIONALITEITEN	141
147. West-Europa	141
148. Centraal- en Oost-Europa	141
149. Voormalige USSR landen	142
150. Azië	142
151. Noord-Amerika	143
152. Midden- en Zuid-Amerika	143
153. Afrika	144
154. Australië. Oceanië	144
155. Steden	144

UITSPRAAKGIDS

T&P fonetisch alfabet	Spaans voorbeeld	Nederlands voorbeeld
[a]	grado	acht
[e]	mermelada	delen, spreken
[i]	física	bidden, tint
[o]	tomo	overeenkomst
[u]	cubierta	hoed, doe
[b]	baño, volar	hebben
[β]	abeja	wang
[d]	dicho	Dank u, honderd
[ð]	tirada	Stemhebbende dentaal, Engels - there
[f]	flauta	feestdag, informeren
[dʒ]	azerbaidzhano	jeans, jungle
[g]	gorro	goal, tango
[ɣ]	negro	liegen, gaan
[j]	botella	New York, januari
[k]	tabaco	kennen, kleur
[l]	arqueólogo	delen, luchter
[lʲ]	novela	biljart
[m]	mosaico	morgen, etmaal
[m̩]	confitura	nasale [m]
[n]	camino	nemen, zonder
[ŋ]	blanco	optelling, jongeman
[p]	zapatero	parallel, koper
[r]	sabroso	roepen, breken
[s]	asesor	spreken, kosten
[θ]	lápiz	Stemloze dentaal, Engels - thank you
[t]	estatua	tomaat, taart
[tʃ]	lechuza	Tsjechië, cello
[v]	Kiev	beloven, schrijven
[x]	dirigir	licht, school
[z]	esgrima	zeven, zesde
[ʃ]	sheriff	shampoo, machine
[w]	whisky	twee, willen
[']	[re'loχ]	hoofdklemtoon
[·]	[aβre·'lʲatas]	hoge punt

AFKORTINGEN
gebruikt in de woordenschat

Nederlandse afkortingen

abn	-	als bijvoeglijk naamwoord
bijv.	-	bijvoorbeeld
bn	-	bijvoeglijk naamwoord
bw	-	bijwoord
enk.	-	enkelvoud
enz.	-	enzovoort
form.	-	formele taal
inform.	-	informele taal
mann.	-	mannelijk
mil.	-	militair
mv.	-	meervoud
on.ww.	-	onovergankelijk werkwoord
ontelb.	-	ontelbaar
ov.	-	over
ov.ww.	-	overgankelijk werkwoord
telb.	-	telbaar
vn	-	voornaamwoord
vrouw.	-	vrouwelijk
vw	-	voegwoord
vz	-	voorzetsel
wisk.	-	wiskunde
ww	-	werkwoord

Nederlandse artikelen

de	-	gemeenschappelijk geslacht
de/het	-	gemeenschappelijk geslacht, onzijdig
het	-	onzijdig

Spaans afkortingen

adj	-	bijvoeglijk naamwoord
adv	-	bijwoord
f	-	vrouwelijk zelfstandig naamwoord
f pl	-	vrouwelijk meervoud
fam.	-	informele taal

m	-	mannelijk zelfstandig naamwoord
m pl	-	mannelijk meervoud
m, f	-	mannelijk, vrouwelijk
n	-	onzijdig
pl	-	meervoud
v aux	-	hulp werkwoord
vi	-	onovergankelijk werkwoord
vi, vt	-	onovergankelijk, overgankelijk werkwoord
vr	-	reflexief werkwoord
vt	-	overgankelijk werkwoord

BASISBEGRIPPEN

Basisbegrippen Deel 1

1. Voornaamwoorden

ik	yo	[jo]
jij, je	tú	[tu]
hij	él	[elʲ]
zij, ze	ella	['eja]
wij, we (mann.)	nosotros	[no'sotros]
wij, we (vrouw.)	nosotras	[no'sotras]
jullie (mann.)	vosotros	[bo'sotros]
jullie (vrouw.)	vosotras	[bo'sotras]
U (form., enk.)	Usted	[us'teð]
U (form., mv.)	Ustedes	[us'teðes]
zij, ze (mann.)	ellos	['ejos]
zij, ze (vrouw.)	ellas	['ejas]

2. Begroetingen. Begroetingen. Afscheid

Hallo! Dag!	¡Hola!	['olʲa]
Hallo!	¡Hola!	['olʲa]
Goedemorgen!	¡Buenos días!	['buenos 'dias]
Goedemiddag!	¡Buenas tardes!	['buenas 'tarðes]
Goedenavond!	¡Buenas noches!	['buenas 'notʃes]
gedag zeggen (groeten)	decir hola	[de'θir 'olʲa]
Hoi!	¡Hola!	['olʲa]
groeten (het)	saludo (m)	[sa'lʲuðo]
verwelkomen (ww)	saludar (vt)	[salʲu'ðar]
Hoe gaat het?	¿Cómo estás?	['komo es'tas]
Is er nog nieuws?	¿Qué hay de nuevo?	[ke aj de nu'eβo]
Tot snel! Tot ziens!	¡Hasta pronto!	['asta 'pronto]
Vaarwel!	¡Adiós!	[a'ðjos]
afscheid nemen (ww)	despedirse (vr)	[despe'ðirse]
Tot kijk!	¡Hasta luego!	['asta lʲu'ego]
Dank u!	¡Gracias!	['graθias]
Dank u wel!	¡Muchas gracias!	['mutʃas 'graθias]
Graag gedaan	De nada	[de 'naða]
Geen dank!	No hay de qué	[no aj de 'ke]
Geen moeite.	De nada	[de 'naða]
Excuseer me, ... (inform.)	¡Disculpa!	[dis'kulʲpa]

Nederlands	Spaans	Uitspraak
Excuseer me, ... (form.)	¡Disculpe!	[dis'kulʲpe]
excuseren (verontschuldigen)	disculpar (vt)	[diskulʲ'par]
zich verontschuldigen	disculparse (vr)	[diskulʲ'parse]
Mijn excuses.	Mis disculpas	[mis dis'kulʲpas]
Het spijt me!	¡Perdóneme!	[per'ðoneme]
vergeven (ww)	perdonar (vt)	[perðo'nar]
Maakt niet uit!	¡No pasa nada!	[no 'pasa 'naða]
alsjeblieft	por favor	[por fa'βor]
Vergeet het niet!	¡No se le olvide!	[no se le olʲ'βiðe]
Natuurlijk!	¡Ciertamente!	[θjerta'mento]
Natuurlijk niet!	¡Claro que no!	['klʲaro ke 'no]
Akkoord!	¡De acuerdo!	[de aku'erðo]
Zo is het genoeg!	¡Basta!	['basta]

3. Hoe aan te spreken

Excuseer me, ...	¡Perdóneme!	[per'ðoneme]
meneer	señor	[se'njor]
mevrouw	señora	[se'njora]
juffrouw	señorita	[senjo'rita]
jongeman	joven	['χoβen]
jongen	niño	['ninjo]
meisje	niña	['ninja]

4. Kardinale getallen. Deel 1

nul	cero	['θero]
een	uno	['uno]
twee	dos	[dos]
drie	tres	[tres]
vier	cuatro	[ku'atro]
vijf	cinco	['θiŋko]
zes	seis	['sejs]
zeven	siete	['sjete]
acht	ocho	['otʃo]
negen	nueve	[nu'eβe]
tien	diez	[djeθ]
elf	once	['onθe]
twaalf	doce	['doθe]
dertien	trece	['treθe]
veertien	catorce	[ka'torθe]
vijftien	quince	['kinθe]
zestien	dieciséis	['djeθi·'sejs]
zeventien	diecisiete	['djeθi·'sjete]
achttien	dieciocho	['djeθi·'otʃo]
negentien	diecinueve	['djeθi·nu'eβe]
twintig	veinte	['bejnte]

eenentwintig	veintiuno	['bejnti·'uno]
tweeëntwintig	veintidós	['bejnti·'dos]
drieëntwintig	veintitrés	['bejnti·'tres]
dertig	treinta	['trejnta]
eenendertig	treinta y uno	['trejnta i 'uno]
tweeëndertig	treinta y dos	['trejnta i 'dos]
drieëndertig	treinta y tres	['trejnta i 'tres]
veertig	cuarenta	[kua'renta]
eenenveertig	cuarenta y uno	[kua'renta i 'uno]
tweeënveertig	cuarenta y dos	[kua'renta i 'dos]
drieënveertig	cuarenta y tres	[kua'renta i 'tres]
vijftig	cincuenta	[θiŋku'enta]
eenenvijftig	cincuenta y uno	[θiŋku'enta i 'uno]
tweeënvijftig	cincuenta y dos	[θiŋku'enta i 'dos]
drieënvijftig	cincuenta y tres	[θiŋku'enta i 'tres]
zestig	sesenta	[se'senta]
eenenzestig	sesenta y uno	[se'senta i 'uno]
tweeënzestig	sesenta y dos	[se'senta i 'dos]
drieënzestig	sesenta y tres	[se'senta i 'tres]
zeventig	setenta	[se'tenta]
eenenzeventig	setenta y uno	[se'tenta i 'uno]
tweeënzeventig	setenta y dos	[se'tenta i 'dos]
drieënzeventig	setenta y tres	[se'tenta i 'tres]
tachtig	ochenta	[o'ʧenta]
eenentachtig	ochenta y uno	[o'ʧenta i 'uno]
tweeëntachtig	ochenta y dos	[o'ʧenta i 'dos]
drieëntachtig	ochenta y tres	[o'ʧenta i 'tres]
negentig	noventa	[no'βenta]
eenennegentig	noventa y uno	[no'βenta i 'uno]
tweeënnegentig	noventa y dos	[no'βenta i 'dos]
drieënnegentig	noventa y tres	[no'βenta i 'tres]

5. Kardinale getallen. Deel 2

honderd	cien	[θjen]
tweehonderd	doscientos	[doθ·'θjentos]
driehonderd	trescientos	[treθ·'θjentos]
vierhonderd	cuatrocientos	[ku'atro·'θjentos]
vijfhonderd	quinientos	[ki'njentos]
zeshonderd	seiscientos	[sejs·'θjentos]
zevenhonderd	setecientos	[θete·'θjentos]
achthonderd	ochocientos	[oʧo·'θjentos]
negenhonderd	novecientos	[noβe·'θjentos]
duizend	mil	[milʲ]
tweeduizend	dos mil	[dos 'milʲ]

drieduizend	tres mil	[tres 'milʲ]
tienduizend	diez mil	[djeθ 'milʲ]
honderdduizend	cien mil	[θjen 'milʲ]
miljoen (het)	millón (m)	[mi'jon]
miljard (het)	mil millones	[milʲ mi'jones]

6. Ordinale getallen

eerste (bn)	primero (adj)	[pri'mero]
tweede (bn)	segundo (adj)	[se'gundo]
derde (bn)	tercero (adj)	[ter'θero]
vierde (bn)	cuarto (adj)	[ku'arto]
vijfde (bn)	quinto (adj)	['kinto]
zesde (bn)	sexto (adj)	['seksto]
zevende (bn)	séptimo (adj)	['septimo]
achtste (bn)	octavo (adj)	[ok'taβo]
negende (bn)	noveno (adj)	[no'βeno]
tiende (bn)	décimo (adj)	['deθimo]

7. Getallen. Breuken

breukgetal (het)	fracción (f)	[frak'θjon]
half	un medio	[un 'meðio]
een derde	un tercio	[un 'terθio]
kwart	un cuarto	[un ku'arto]
een achtste	un octavo	[un ok'taβo]
een tiende	un décimo	[un 'deθimo]
twee derde	dos tercios	[dos 'terθjos]
driekwart	tres cuartos	[tres ku'artos]

8. Getallen. Eenvoudige berekeningen

aftrekking (de)	sustracción (f)	[sustrak'θjon]
aftrekken (ww)	sustraer (vt)	[sustra'er]
deling (de)	división (f)	[diβi'θjon]
delen (ww)	dividir (vt)	[diβi'ðir]
optelling (de)	adición (f)	[aði'θjon]
erbij optellen	sumar (vt)	[su'mar]
(bij elkaar voegen)		
optellen (ww)	adicionar (vt)	[aðiθjo'nar]
vermenigvuldiging (de)	multiplicación (f)	[mulʲtiplika'θjon]
vermenigvuldigen (ww)	multiplicar (vt)	[mulʲtipli'kar]

9. Getallen. Diversen

cijfer (het)	cifra (f)	['θifra]
nummer (het)	número (m)	['numero]

telwoord (het)	numeral (m)	[nume'ralʲ]
minteken (het)	menos (m)	['menos]
plusteken (het)	más (m)	[mas]
formule (de)	fórmula (f)	['formulʲa]

berekening (de)	cálculo (m)	['kalʲkulʲo]
tellen (ww)	contar (vt)	[kon'tar]
bijrekenen (ww)	calcular (vt)	[kalʲku'lʲar]
vergelijken (ww)	comparar (vt)	[kompa'rar]

Hoeveel?	¿Cuánto?	[ku'anto]
som (de), totaal (het)	suma (f)	['suma]
uitkomst (de)	resultado (m)	[resulʲ'taðo]
rest (de)	resto (m)	['resto]

enkele (bijv. ~ minuten)	algunos, algunas ...	[alʲ'gunos], [alʲ'gunas]
weinig (bw)	poco, poca	['poko], ['poka]
restant (het)	resto (m)	['resto]

anderhalf	uno y medio	['uno i 'meðio]
dozijn (het)	docena (f)	[do'θena]

middendoor (bw)	en dos	[en 'dos]
even (bw)	en partes iguales	[en 'partes igu'ales]
helft (de)	mitad (f)	[mi'tað]
keer (de)	vez (f)	[beθ]

10. De belangrijkste werkwoorden. Deel 1

aanbevelen (ww)	recomendar (vt)	[rekomen'dar]
aandringen (ww)	insistir (vi)	[insis'tir]
aankomen (per auto, enz.)	llegar (vi)	[je'gar]
aanraken (ww)	tocar (vt)	[to'kar]
adviseren (ww)	aconsejar (vt)	[akonse'χar]

afdalen (on.ww.)	descender (vi)	[deθen'der]
afslaan (naar rechts ~)	girar (vi)	[χi'rar]
antwoorden (ww)	responder (vi, vt)	[respon'der]
bang zijn (ww)	tener miedo	[te'ner 'mjeðo]
bedreigen (bijv. met een pistool)	amenazar (vt)	[amena'θar]

bedriegen (ww)	engañar (vi, vt)	[enga'njar]
beëindigen (ww)	acabar, terminar (vt)	[aka'βar], [termi'nar]
beginnen (ww)	comenzar (vi, vt)	[komen'θar]
begrijpen (ww)	comprender (vt)	[kompren'der]
beheren (managen)	dirigir (vt)	[diri'χir]

beledigen (met scheldwoorden)	insultar (vt)	[insulʲ'tar]
beloven (ww)	prometer (vt)	[prome'ter]
bereiden (koken)	preparar (vt)	[prepa'rar]
bespreken (spreken over)	discutir (vt)	[disku'tir]
bestellen (eten ~)	pedir (vt)	[pe'ðir]

bestraffen (een stout kind ~)	punir, castigar (vt)	[pu'nir], [kasti'gar]
betalen (ww)	pagar (vi, vt)	[pa'gar]
betekenen (beduiden)	significar (vt)	[siɣnifi'kar]
betreuren (ww)	arrepentirse (vr)	[arepen'tirse]
bevallen (prettig vinden)	gustar (vi)	[gus'tar]
bevelen (mil.)	ordenar (vt)	[orðe'nar]
bevrijden (stad, enz.)	liberar (vt)	[liβe'rar]
bewaren (ww)	guardar (vt)	[guar'ðar]
bezitten (ww)	poseer (vt)	[pose'er]
bidden (praten met God)	orar (vi)	[o'rar]
binnengaan (een kamer ~)	entrar (vi)	[en'trar]
breken (ww)	quebrar (vt)	[ke'βrar]
controleren (ww)	controlar (vt)	[kontro'lʲar]
creëren (ww)	crear (vt)	[kre'ar]
deelnemen (ww)	participar (vi)	[partiθi'par]
denken (ww)	pensar (vi, vt)	[pen'sar]
doden (ww)	matar (vt)	[ma'tar]
doen (ww)	hacer (vt)	[a'θer]
dorst hebben (ww)	tener sed	[te'ner 'seð]

11. De belangrijkste werkwoorden. Deel 2

een hint geven	dar una pista	[dar 'una 'pista]
eisen (met klem vragen)	exigir (vt)	[eksi'xir]
excuseren (vergeven)	disculpar (vt)	[diskulʲ'par]
existeren (bestaan)	existir (vi)	[eksis'tir]
gaan (te voet)	ir (vi)	[ir]
gaan zitten (ww)	sentarse (vr)	[sen'tarse]
gaan zwemmen	bañarse (vr)	[ba'njarse]
geven (ww)	dar (vt)	[dar]
glimlachen (ww)	sonreír (vi)	[sonre'ir]
goed raden (ww)	adivinar (vt)	[aðiβi'nar]
grappen maken (ww)	bromear (vi)	[brome'ar]
graven (ww)	cavar (vt)	[ka'βar]
hebben (ww)	tener (vt)	[te'ner]
helpen (ww)	ayudar (vt)	[aju'ðar]
herhalen (opnieuw zeggen)	repetir (vt)	[repe'tir]
honger hebben (ww)	tener hambre	[te'ner 'ambre]
hopen (ww)	esperar (vi)	[espe'rar]
horen (waarnemen met het oor)	oír (vt)	[o'ir]
huilen (wenen)	llorar (vi)	[jo'rar]
huren (huis, kamer)	alquilar (vt)	[alʲki'lʲar]
informeren (informatie geven)	informar (vt)	[imfor'mar]
instemmen (akkoord gaan)	estar de acuerdo	[es'tar de aku'erðo]
jagen (ww)	cazar (vi, vt)	[ka'θar]

kennen (kennis hebben van iemand)	conocer (vt)	[kono'θer]
kiezen (ww)	escoger (vt)	[esko'χer]
klagen (ww)	quejarse (vr)	[ke'χarse]
kosten (ww)	costar (vt)	[kos'tar]
kunnen (ww)	poder (v aux)	[po'ðer]
lachen (ww)	reírse (vr)	[re'irse]
laten vallen (ww)	dejar caer	[de'χar ka'er]
lezen (ww)	leer (vi, vt)	[le'er]
liefhebben (ww)	querer, amar (vt)	[ke'rer], [a'mar]
lunchen (ww)	almorzar (vi)	[alʲmor'θar]
nemen (ww)	tomar (vt)	[to'mar]
nodig zijn (ww)	ser necesario	[ser neθe'sario]

12. De belangrijkste werkwoorden. Deel 3

onderschatten (ww)	subestimar (vt)	[suβesti'mar]
ondertekenen (ww)	firmar (vt)	[fir'mar]
ontbijten (ww)	desayunar (vi)	[desaju'nar]
openen (ww)	abrir (vt)	[a'βrir]
ophouden (ww)	cesar (vt)	[θe'sar]
opmerken (zien)	percibir (vt)	[perθi'βir]
opscheppen (ww)	jactarse, alabarse (vr)	[χas'tarse], [alʲa'βarse]
opschrijven (ww)	tomar nota	[to'mar 'nota]
plannen (ww)	planear (vt)	[plʲane'ar]
prefereren (verkiezen)	preferir (vt)	[prefe'rir]
proberen (trachten)	probar, tentar (vt)	[pro'βar], [ten'tar]
redden (ww)	salvar (vt)	[salʲ'βar]
rekenen op ...	contar con ...	[kon'tar kon]
rennen (ww)	correr (vi)	[ko'rer]
reserveren (een hotelkamer ~)	reservar (vt)	[reser'βar]
roepen (om hulp)	llamar (vt)	[ja'mar]
schieten (ww)	tirar, disparar (vi)	[ti'rar], [dispa'rar]
schreeuwen (ww)	gritar (vi)	[gri'tar]
schrijven (ww)	escribir (vt)	[eskri'βir]
souperen (ww)	cenar (vi)	[θe'nar]
spelen (kinderen)	jugar (vi)	[χu'gar]
spreken (ww)	hablar (vi, vt)	[a'βlʲar]
stelen (ww)	robar (vt)	[ro'βar]
stoppen (pauzeren)	pararse (vr)	[pa'rarse]
studeren (Nederlands ~)	estudiar (vt)	[estu'ðjar]
sturen (zenden)	enviar (vt)	[em'bjar]
tellen (optellen)	contar (vt)	[kon'tar]
toebehoren aan ...	pertenecer a ...	[pertene'θer a]
toestaan (ww)	permitir (vt)	[permi'tir]
tonen (ww)	mostrar (vt)	[mos'trar]
twijfelen (onzeker zijn)	dudar (vt)	[du'ðar]

uitgaan (ww)	salir (vi)	[sa'lir]
uitnodigen (ww)	invitar (vt)	[imbi'tar]
uitspreken (ww)	pronunciar (vt)	[pronun'θjar]
uitvaren tegen (ww)	regañar, reprender (vt)	[rega'njar], [repren'der]

13. De belangrijkste werkwoorden. Deel 4

vallen (ww)	caer (vi)	[ka'er]
vangen (ww)	coger (vt)	[ko'χer]
veranderen (anders maken)	cambiar (vt)	[kam'bjar]
verbaasd zijn (ww)	sorprenderse (vr)	[sorpren'derse]
verbergen (ww)	esconder (vt)	[eskon'der]

verdedigen (je land ~)	defender (vt)	[defen'der]
verenigen (ww)	unir (vt)	[u'nir]
vergelijken (ww)	comparar (vt)	[kompa'rar]
vergeten (ww)	olvidar (vt)	[olʲβi'ðar]
vergeven (ww)	perdonar (vt)	[perðo'nar]

verklaren (uitleggen)	explicar (vt)	[ekspli'kar]
verkopen (per stuk ~)	vender (vt)	[ben'der]
vermelden (praten over)	mencionar (vt)	[menθjo'nar]
versieren (decoreren)	decorar (vt)	[deko'rar]
vertalen (ww)	traducir (vt)	[traðu'θir]

vertrouwen (ww)	confiar (vt)	[komˌ'fjar]
vervolgen (ww)	continuar (vt)	[kontinu'ar]
verwarren (met elkaar ~)	confundir (vt)	[komˌfun'dir]
verzoeken (ww)	pedir (vt)	[pe'ðir]
verzuimen (school, enz.)	faltar a ...	[falʲ'tar a]

vinden (ww)	encontrar (vt)	[eŋkon'trar]
vliegen (ww)	volar (vi)	[bo'lʲar]
volgen (ww)	seguir ...	[se'gir]
voorstellen (ww)	proponer (vt)	[propo'ner]
voorzien (verwachten)	prever (vt)	[pre'βer]
vragen (ww)	preguntar (vt)	[pregun'tar]

waarnemen (ww)	observar (vt)	[oβser'βar]
waarschuwen (ww)	advertir (vt)	[aðβer'tir]
wachten (ww)	esperar (vt)	[espe'rar]
weerspreken (ww)	objetar (vt)	[oβχe'tar]
weigeren (ww)	negarse (vr)	[ne'garse]

werken (ww)	trabajar (vi)	[traβa'χar]
weten (ww)	saber (vt)	[sa'βer]
willen (verlangen)	querer (vt)	[ke'rer]
zeggen (ww)	decir (vt)	[de'θir]
zich haasten (ww)	tener prisa	[te'ner 'prisa]

zich interesseren voor ...	interesarse (vr)	[intere'sarse]
zich vergissen (ww)	equivocarse (vr)	[ekiβo'karse]
zien (ww)	ver (vt)	[ber]
zijn (leraar ~)	ser (vi)	[ser]

zijn (op dieet ~)	estar (vi)	[es'tar]
zijn (ww)	ser, estar (vi)	[ser], [es'tar]
zoeken (ww)	buscar (vt)	[bus'kar]
zwemmen (ww)	nadar (vi)	[na'ðar]
zwijgen (ww)	callarse (vr)	[ka'jarse]

14. Kleuren

kleur (de)	color (m)	[ko'lʲor]
tint (de)	matiz (m)	[ma'tiθ]
kleurnuance (de)	tono (m)	['tono]
regenboog (de)	arco (m) iris	['arko 'iris]
wit (bn)	blanco (adj)	['blʲaŋko]
zwart (bn)	negro (adj)	['neɣro]
grijs (bn)	gris (adj)	['gris]
groen (bn)	verde (adj)	['berðe]
geel (bn)	amarillo (adj)	[ama'rijo]
rood (bn)	rojo (adj)	['roχo]
blauw (bn)	azul (adj)	[a'θulʲ]
lichtblauw (bn)	azul claro (adj)	[a'θulʲ 'klʲaro]
roze (bn)	rosa (adj)	['rosa]
oranje (bn)	naranja (adj)	[na'ranχa]
violet (bn)	violeta (adj)	[bio'leta]
bruin (bn)	marrón (adj)	[ma'ron]
goud (bn)	dorado (adj)	[do'raðo]
zilverkleurig (bn)	argentado (adj)	[arχen'taðo]
beige (bn)	beige (adj)	['bejʒ]
roomkleurig (bn)	crema (adj)	['krema]
turkoois (bn)	turquesa (adj)	[tur'kesa]
kersrood (bn)	rojo cereza (adj)	['roχo θe'reθa]
lila (bn)	lila (adj)	['lilʲa]
karmijnrood (bn)	carmesí (adj)	[karme'si]
licht (bn)	claro (adj)	['klʲaro]
donker (bn)	oscuro (adj)	[os'kuro]
fel (bn)	vivo (adj)	['biβo]
kleur-, kleurig (bn)	de color (adj)	[de ko'lʲor]
kleuren- (abn)	en colores (adj)	[en ko'lʲores]
zwart-wit (bn)	blanco y negro (adj)	['blʲaŋko i 'neɣro]
eenkleurig (bn)	unicolor (adj)	[uniko'lʲor]
veelkleurig (bn)	multicolor (adj)	[mulʲtiko'lʲor]

15. Vragen

Wie?	¿Quién?	['kjen]
Wat?	¿Qué?	[ke]

Waar?	¿Dónde?	['donde]
Waarheen?	¿Adónde?	[a'ðonde]
Waarvandaan?	¿De dónde?	[de 'donde]
Wanneer?	¿Cuándo?	[ku'ando]
Waarom?	¿Para qué?	[para 'ke]
Waarom?	¿Por qué?	[por 'ke]
Waarvoor dan ook?	¿Por qué razón?	[por ke ra'θon]
Hoe?	¿Cómo?	['komo]
Wat voor …?	¿Qué?	[ke]
Welk?	¿Cuál?	[ku'alʲ]
Aan wie?	¿A quién?	[a 'kjen]
Over wie?	¿De quién?	[de 'kjen]
Waarover?	¿De qué?	[de 'ke]
Met wie?	¿Con quién?	[kon 'kjen]
Hoeveel?	¿Cuánto?	[ku'anto]
Van wie? (mann.)	¿De quién?	[de 'kjen]

16. Voorzetsels

met (bijv. ~ beleg)	con …	[kon]
zonder (~ accent)	sin	[sin]
naar (in de richting van)	a …	[a]
over (praten ~)	de …, sobre …	[de], ['soβre]
voor (in tijd)	antes de …	['antes de]
voor (aan de voorkant)	delante de …	[de'lʲante de]
onder (lager dan)	debajo	[de'βaχo]
boven (hoger dan)	sobre …, encima de …	['soβre], [en'θima de]
op (bovenop)	en …, sobre …	[en], ['soβre]
van (uit, afkomstig van)	de …	[de]
van (gemaakt van)	de …	[de]
over (bijv. ~ een uur)	dentro de …	['dentro de]
over (over de bovenkant)	encima de …	[en'θima de]

17. Functiewoorden. Bijwoorden. Deel 1

Waar?	¿Dónde?	['donde]
hier (bw)	aquí (adv)	[a'ki]
daar (bw)	allí (adv)	[a'ji]
ergens (bw)	en alguna parte	[en alʲ'guna 'parte]
nergens (bw)	en ninguna parte	[en nin'guna 'parte]
bij … (in de buurt)	junto a …	['χunto a]
bij het raam	junto a la ventana	['χunto a lʲa ben'tana]
Waarheen?	¿Adónde?	[a'ðonde]
hierheen (bw)	aquí (adv)	[a'ki]

daarheen (bw)	allí (adv)	[a'ji]
hiervandaan (bw)	de aquí (adv)	[de a'ki]
daarvandaan (bw)	de allí (adv)	[de a'ji]
dichtbij (bw)	cerca	['θerka]
ver (bw)	lejos (adv)	['leχos]
in de buurt (van ...)	cerca de ...	['θerka de]
dichtbij (bw)	al lado de ...	[alʲ 'lʲaðo de]
niet ver (bw)	no lejos (adv)	[no 'leχos]
linker (bn)	izquierdo (adj)	[iθ'kjerðo]
links (bw)	a la izquierda	[a lʲa iθ'kjerða]
linksaf, naar links (bw)	a la izquierda	[a lʲa iθ'kjerða]
rechter (bn)	derecho (adj)	[de'retʃo]
rechts (bw)	a la derecha	[a lʲa de'retʃa]
rechtsaf, naar rechts (bw)	a la derecha	[a lʲa de'retʃa]
vooraan (bw)	delante	[de'lʲante]
voorste (bn)	delantero (adj)	[delʲan'tero]
vooruit (bw)	adelante	[aðe'lʲante]
achter (bw)	detrás de ...	[de'tras de]
van achteren (bw)	desde atrás	['desðe a'tras]
achteruit (naar achteren)	atrás	[a'tras]
midden (het)	centro (m), medio (m)	['θentro], ['meðio]
in het midden (bw)	en medio (adv)	[en 'meðio]
opzij (bw)	de lado (adv)	[de 'lʲaðo]
overal (bw)	en todas partes	[en 'toðas 'partes]
omheen (bw)	alrededor (adv)	[alʲreðe'ðor]
binnenuit (bw)	de dentro (adv)	[de 'dentro]
naar ergens (bw)	a alguna parte	[a alʲ'guna 'parte]
rechtdoor (bw)	todo derecho (adv)	['toðo de'retʃo]
terug (bijv. ~ komen)	atrás	[a'tras]
ergens vandaan (bw)	de alguna parte	[de alʲ'guna 'parte]
ergens vandaan (en dit geld moet ~ komen)	de alguna parte	[de alʲ'guna 'parte]
ten eerste (bw)	primero (adv)	[pri'mero]
ten tweede (bw)	segundo (adv)	[se'gundo]
ten derde (bw)	tercero (adv)	[ter'θero]
plotseling (bw)	de súbito (adv)	[de 'suβito]
in het begin (bw)	al principio (adv)	[alʲ prin'θipio]
voor de eerste keer (bw)	por primera vez	[por pri'mera beθ]
lang voor ... (bw)	mucho tiempo antes ...	['mutʃo 'tjempo 'antes]
opnieuw (bw)	de nuevo (adv)	[de nu'eβo]
voor eeuwig (bw)	para siempre (adv)	['para 'sjempre]
nooit (bw)	nunca (adv)	['nuŋka]
weer (bw)	de nuevo (adv)	[de nu'eβo]

nu (bw)	ahora (adv)	[a'ora]
vaak (bw)	frecuentemente (adv)	[frekuente'mente]
toen (bw)	entonces (adv)	[en'tonθes]
urgent (bw)	urgentemente	[urxente'mente]
meestal (bw)	usualmente (adv)	[usualʲ'mente]
trouwens, ... (tussen haakjes)	a propósito, ...	[a pro'posito]
mogelijk (bw)	es probable	[es pro'βaβle]
waarschijnlijk (bw)	probablemente	[proβaβle'mente]
misschien (bw)	tal vez	[talʲ beθ]
trouwens (bw)	además ...	[aðe'mas]
daarom ...	por eso ...	[por 'eso]
in weerwil van ...	a pesar de ...	[a pe'sar de]
dankzij ...	gracias a ...	['graθias a]
wat (vn)	qué	[ke]
dat (vw)	que	[ke]
iets (vn)	algo	['alʲgo]
iets	algo	['alʲgo]
niets (vn)	nada (f)	['naða]
wie (~ is daar?)	quien	[kjen]
iemand (een onbekende)	alguien	['alʲgjen]
iemand (een bepaald persoon)	alguien	['alʲgjen]
niemand (vn)	nadie	['naðje]
nergens (bw)	a ninguna parte	[a nin'guna 'parte]
niemands (bn)	de nadie	[de 'naðje]
iemands (bn)	de alguien	[de 'alʲgjen]
zo (Ik ben ~ blij)	tan, tanto (adv)	[tan], ['tanto]
ook (evenals)	también	[tam'bjen]
alsook (eveneens)	también	[tam'bjen]

18. Functiewoorden. Bijwoorden. Deel 2

Waarom?	¿Por qué?	[por 'ke]
om een bepaalde reden	por alguna razón	[por alʲ'guna ra'θon]
omdat ...	porque ...	['porke]
voor een bepaald doel	por cualquier razón (adv)	[por kualʲ'kjer ra'θon]
en (vw)	y	[i]
of (vw)	o	[o]
maar (vw)	pero	['pero]
voor (vz)	para	['para]
te (~ veel mensen)	demasiado (adv)	[dema'sjaðo]
alleen (bw)	sólo, solamente (adv)	['solʲo], [solʲa'mente]
precies (bw)	exactamente (adv)	[eksakta'mente]
ongeveer (~ 10 kg)	cerca de ...	['θerka de]
omstreeks (bw)	aproximadamente	[aproksimaða'mente]
bij benadering (bn)	aproximado (adj)	[aproksi'mað]

bijna (bw)	casi (adv)	['kasi]
rest (de)	resto (m)	['resto]
de andere (tweede)	el otro (adj)	[elʲ 'otro]
ander (bn)	otro (adj)	['otro]
elk (bn)	cada (adj)	['kaða]
om het even welk	cualquier (adj)	[kualʲ'kjer]
veel (grote hoeveelheid)	mucho (adv)	['mutʃo]
veel mensen	mucha gente	['mutʃa 'χente]
iedereen (alle personen)	todos	['toðos]
in ruil voor ...	a cambio de ...	[a 'kambjo de]
in ruil (bw)	en cambio (adv)	[en 'kambio]
met de hand (bw)	a mano	[a 'mano]
onwaarschijnlijk (bw)	poco probable	['poko pro'βaβle]
waarschijnlijk (bw)	probablemente	[proβaβle'mente]
met opzet (bw)	a propósito (adv)	[a pro'posito]
toevallig (bw)	por accidente (adv)	[por akθi'ðente]
zeer (bw)	muy (adv)	['muj]
bijvoorbeeld (bw)	por ejemplo (adv)	[por e'χemplʲo]
tussen (~ twee steden)	entre	['entre]
tussen (te midden van)	entre	['entre]
zoveel (bw)	tanto	['tanto]
vooral (bw)	especialmente (adv)	[espeθjalʲ'mente]

Basisbegrippen Deel 2

19. Dagen van de week

maandag (de)	lunes (m)	['ʎunes]
dinsdag (de)	martes (m)	['martes]
woensdag (de)	miércoles (m)	['mjerkoles]
donderdag (de)	jueves (m)	[χu'eβes]
vrijdag (de)	viernes (m)	['bjernes]
zaterdag (de)	sábado (m)	['saβaðo]
zondag (de)	domingo (m)	[do'mingo]
vandaag (bw)	hoy (adv)	[oj]
morgen (bw)	mañana (adv)	[ma'njana]
overmorgen (bw)	pasado mañana	[pa'saðo ma'njana]
gisteren (bw)	ayer (adv)	[a'jer]
eergisteren (bw)	anteayer (adv)	[ante·a'jer]
dag (de)	día (m)	['dia]
werkdag (de)	día (m) de trabajo	['dia de tra'βaχo]
feestdag (de)	día (m) de fiesta	['dia de 'fjesta]
verlofdag (de)	día (m) de descanso	['dia de des'kanso]
weekend (het)	fin (m) de semana	['fin de se'mana]
de hele dag (bw)	todo el día	['toðo eʎ 'dia]
de volgende dag (bw)	al día siguiente	[aʎ 'dia si'gjente]
twee dagen geleden	dos días atrás	[dos 'dias a'tras]
aan de vooravond (bw)	en vísperas (adv)	[en 'bisperas]
dag-, dagelijks (bn)	diario (adj)	['djario]
elke dag (bw)	cada día (adv)	['kaða 'dia]
week (de)	semana (f)	[se'mana]
vorige week (bw)	semana (f) pasada	[se'mana pa'saða]
volgende week (bw)	semana (f) que viene	[se'mana ke 'bjene]
wekelijks (bn)	semanal (adj)	[sema'naʎ]
elke week (bw)	cada semana (adv)	['kaða se'mana]
twee keer per week	dos veces por semana	[dos 'beθes por se'mana]
elke dinsdag	todos los martes	['toðos los 'martes]

20. Uren. Dag en nacht

morgen (de)	mañana (f)	[ma'njana]
's morgens (bw)	por la mañana	[por ʎa ma'njana]
middag (de)	mediodía (m)	['meðjo'ðia]
's middags (bw)	por la tarde	[por ʎa 'tarðe]
avond (de)	noche (f)	['notʃe]
's avonds (bw)	por la noche	[por ʎa 'notʃe]

nacht (de)	noche (f)	['notʃe]
's nachts (bw)	por la noche	[por lʲa 'notʃe]
middernacht (de)	medianoche (f)	['meðia'notʃe]
seconde (de)	segundo (m)	[se'gundo]
minuut (de)	minuto (m)	[mi'nuto]
uur (het)	hora (f)	['ora]
halfuur (het)	media hora (f)	['meðia 'ora]
kwartier (het)	cuarto (m) de hora	[ku'arto de 'ora]
vijftien minuten	quince minutos	['kinθe mi'nutos]
etmaal (het)	veinticuatro horas	['bejti·ku'atro 'oras]
zonsopgang (de)	salida (f) del sol	[sa'liða delʲ 'solʲ]
dageraad (de)	amanecer (m)	[amane'θer]
vroege morgen (de)	madrugada (f)	[maðru'gaða]
zonsondergang (de)	puesta (f) del sol	[pu'esta delʲ 'solʲ]
's morgens vroeg (bw)	de madrugada	[de maðru'gaða]
vanmorgen (bw)	esta mañana	['esta ma'njana]
morgenochtend (bw)	mañana por la mañana	[ma'njana por lʲa ma'njana]
vanmiddag (bw)	esta tarde	['esta 'tarðe]
's middags (bw)	por la tarde	[por lʲa 'tarðe]
morgenmiddag (bw)	mañana por la tarde	[ma'njana por lʲa 'tarðe]
vanavond (bw)	esta noche	['esta 'notʃe]
morgenavond (bw)	mañana por la noche	[ma'njana por lʲa 'notʃe]
klokslag drie uur	a las tres en punto	[a lʲas 'tres en 'punto]
ongeveer vier uur	a eso de las cuatro	[a 'eso de lʲas ku'atro]
tegen twaalf uur	para las doce	['para lʲas 'doθe]
over twintig minuten	dentro de veinte minutos	['dentro de 'bejnte mi'nutos]
over een uur	dentro de una hora	['dentro de 'una 'ora]
op tijd (bw)	a tiempo (adv)	[a 'tjempo]
kwart voor ...	... menos cuarto	['menos ku'arto]
binnen een uur	durante una hora	[du'rante 'una 'ora]
elk kwartier	cada quince minutos	['kaða 'kinθe mi'nutos]
de klok rond	día y noche	['dia i 'notʃe]

21. Maanden. Seizoenen

januari (de)	enero (m)	[e'nero]
februari (de)	febrero (m)	[fe'βrero]
maart (de)	marzo (m)	['marθo]
april (de)	abril (m)	[a'βrilʲ]
mei (de)	mayo (m)	['majo]
juni (de)	junio (m)	['χunio]
juli (de)	julio (m)	['χulio]
augustus (de)	agosto (m)	[a'gosto]
september (de)	septiembre (m)	[sep'tjembre]
oktober (de)	octubre (m)	[ok'tuβre]

november (de)	noviembre (m)	[no'βjembre]
december (de)	diciembre (m)	[di'θjembre]
lente (de)	primavera (f)	[prima'βera]
in de lente (bw)	en primavera	[en prima'βera]
lente- (abn)	de primavera (adj)	[de prima'βera]
zomer (de)	verano (m)	[be'rano]
in de zomer (bw)	en verano	[em be'rano]
zomer-, zomers (bn)	de verano (adj)	[de be'rano]
herfst (de)	otoño (m)	[o'tonjo]
in de herfst (bw)	en otoño	[en o'tonjo]
herfst- (abn)	de otoño (adj)	[de o'tonjo]
winter (de)	invierno (m)	[im'bjerno]
in de winter (bw)	en invierno	[en im'bjerno]
winter- (abn)	de invierno (adj)	[de im'bjerno]
maand (de)	mes (m)	[mes]
deze maand (bw)	este mes	['este 'mes]
volgende maand (bw)	al mes siguiente	[alʲ 'mes si'gjente]
vorige maand (bw)	el mes pasado	[elʲ 'mes pa'saðo]
een maand geleden (bw)	hace un mes	['aθe un 'mes]
over een maand (bw)	dentro de un mes	['dentro de un 'mes]
over twee maanden (bw)	dentro de dos meses	['dentro de dos 'meses]
de hele maand (bw)	todo el mes	['toðo elʲ 'mes]
een volle maand (bw)	todo un mes	['toðo un 'mes]
maand-, maandelijks (bn)	mensual (adj)	[mensu'alʲ]
maandelijks (bw)	mensualmente (adv)	[mensualʲ'mente]
elke maand (bw)	cada mes	['kaða 'mes]
twee keer per maand	dos veces por mes	[dos 'beθes por 'mes]
jaar (het)	año (m)	['anjo]
dit jaar (bw)	este año	['este 'anjo]
volgend jaar (bw)	el próximo año	[elʲ 'proksimo 'anjo]
vorig jaar (bw)	el año pasado	[elʲ 'anjo pa'saðo]
een jaar geleden (bw)	hace un año	['aθe un 'anjo]
over een jaar	dentro de un año	['dentro de un 'anjo]
over twee jaar	dentro de dos años	['dentro de dos 'anjos]
het hele jaar	todo el año	['toðo elʲ 'anjo]
een vol jaar	todo un año	['toðo un 'anjo]
elk jaar	cada año	['kaða 'anjo]
jaar-, jaarlijks (bn)	anual (adj)	[anu'alʲ]
jaarlijks (bw)	anualmente (adv)	[anualʲ'mente]
4 keer per jaar	cuatro veces por año	[ku'atro 'beθes por 'anjo]
datum (de)	fecha (f)	['fetʃa]
datum (de)	fecha (f)	['fetʃa]
kalender (de)	calendario (m)	[kalen'dario]
een half jaar	medio año (m)	['meðjo 'anjo]
zes maanden	seis meses	['sejs 'meses]

| seizoen (bijv. lente, zomer) | estación (f) | [esta'θjon] |
| eeuw (de) | siglo (m) | ['siɣlʲo] |

22. Meeteenheden

gewicht (het)	peso (m)	['peso]
lengte (de)	longitud (f)	[lʲonxi'tuð]
breedte (de)	anchura (f)	[an'tʃura]
hoogte (de)	altura (f)	[alʲ'tura]
diepte (de)	profundidad (f)	[profundi'ðað]
volume (het)	volumen (m)	[bo'lʲumen]
oppervlakte (de)	área (f)	['area]

gram (het)	gramo (m)	['gramo]
milligram (het)	miligramo (m)	[mili'ɣramo]
kilogram (het)	kilogramo (m)	[kilʲo'ɣramo]
ton (duizend kilo)	tonelada (f)	[tone'lʲaða]
pond (het)	libra (f)	['liβra]
ons (het)	onza (f)	['onθa]

meter (de)	metro (m)	['metro]
millimeter (de)	milímetro (m)	[mi'limetro]
centimeter (de)	centímetro (m)	[θen'timetro]
kilometer (de)	kilómetro (m)	[ki'lʲometro]
mijl (de)	milla (f)	['mija]

duim (de)	pulgada (f)	[pulʲ'gaða]
voet (de)	pie (m)	[pje]
yard (de)	yarda (f)	['jarða]

| vierkante meter (de) | metro (m) cuadrado | ['metro kua'ðraðo] |
| hectare (de) | hectárea (f) | [ek'tarea] |

liter (de)	litro (m)	['litro]
graad (de)	grado (m)	['graðo]
volt (de)	voltio (m)	['bolʲtio]
ampère (de)	amperio (m)	[am'perio]
paardenkracht (de)	caballo (m) de fuerza	[ka'βajo de fu'erθa]

hoeveelheid (de)	cantidad (f)	[kanti'ðað]
een beetje ...	un poco de ...	[un 'poko de]
helft (de)	mitad (f)	[mi'tað]

| dozijn (het) | docena (f) | [do'θena] |
| stuk (het) | pieza (f) | ['pjeθa] |

| afmeting (de) | dimensión (f) | [dimen'sjon] |
| schaal (bijv. ~ van 1 op 50) | escala (f) | [es'kalʲa] |

minimaal (bn)	mínimo (adj)	['minimo]
minste (bn)	el más pequeño (adj)	[elʲ mas pe'kenjo]
medium (bn)	medio (adj)	['meðio]
maximaal (bn)	máximo (adj)	['maksimo]
grootste (bn)	el más grande (adj)	[elʲ 'mas 'grande]

23. Containers

glazen pot (de)	tarro (m) de vidrio	['taro de 'biðrio]
blik (conserven~)	lata (f)	['lʲata]
emmer (de)	cubo (m)	['kuβo]
ton (bijv. regenton)	barril (m)	[ba'rilʲ]
ronde waterbak (de)	palangana (f)	[palʲan'gana]
tank (bijv. watertank-70-ltr)	tanque (m)	['taŋke]
heupfles (de)	petaca (f)	[pe'taka]
jerrycan (de)	bidón (m) de gasolina	[bi'ðon de gaso'lina]
tank (bijv. ketelwagen)	cisterna (f)	[θis'terna]
beker (de)	taza (f)	['taθa]
kopje (het)	taza (f)	['taθa]
schoteltje (het)	platillo (m)	[plʲa'tijo]
glas (het)	vaso (m)	['baso]
wijnglas (het)	copa (f) de vino	['kopa de 'bino]
pan (de)	olla (f)	['oja]
fles (de)	botella (f)	[bo'teja]
flessenhals (de)	cuello (m) de botella	[ku'ejo de bo'teja]
karaf (de)	garrafa (f)	[ga'rafa]
kruik (de)	jarro (m)	['χaro]
vat (het)	recipiente (m)	[reθi'pjente]
pot (de)	tarro (m)	['taro]
vaas (de)	florero (m)	[flʲo'rero]
flacon (de)	frasco (m)	['frasko]
flesje (het)	frasquito (m)	[fras'kito]
tube (bijv. ~ tandpasta)	tubo (m)	['tuβo]
zak (bijv. ~ aardappelen)	saco (m)	['sako]
tasje (het)	bolsa (f)	['bolʲsa]
pakje (~ sigaretten, enz.)	paquete (m)	[pa'kete]
doos (de)	caja (f)	['kaχa]
kist (de)	cajón (m)	[ka'χon]
mand (de)	cesta (f)	['θesta]

MENS

Mens. Het lichaam

24. Hoofd

hoofd (het)	cabeza (f)	[ka'βeθa]
gezicht (het)	cara (f)	['kara]
neus (de)	nariz (f)	[na'riθ]
mond (de)	boca (f)	['boka]
oog (het)	ojo (m)	['oχo]
ogen (mv.)	ojos (m pl)	['oχos]
pupil (de)	pupila (f)	[pu'pilʲa]
wenkbrauw (de)	ceja (f)	['θeχa]
wimper (de)	pestaña (f)	[pes'tanja]
ooglid (het)	párpado (m)	['parpaðo]
tong (de)	lengua (f)	['lengua]
tand (de)	diente (m)	['djente]
lippen (mv.)	labios (m pl)	['lʲaβjos]
jukbeenderen (mv.)	pómulos (m pl)	['pomulʲos]
tandvlees (het)	encía (f)	[en'θia]
gehemelte (het)	paladar (m)	[palʲa'ðar]
neusgaten (mv.)	ventanas (f pl)	[ben'tanas]
kin (de)	mentón (m)	[men'ton]
kaak (de)	mandíbula (f)	[man'diβulʲa]
wang (de)	mejilla (f)	[me'χija]
voorhoofd (het)	frente (f)	['frente]
slaap (de)	sien (f)	[θjen]
oor (het)	oreja (f)	[o'reχa]
achterhoofd (het)	nuca (f)	['nuka]
hals (de)	cuello (m)	[ku'ejo]
keel (de)	garganta (f)	[gar'ganta]
haren (mv.)	pelo, cabello (m)	['pelʲo], [ka'βejo]
kapsel (het)	peinado (m)	[pej'naðo]
haarsnit (de)	corte (m) de pelo	['korte de 'pelʲo]
pruik (de)	peluca (f)	[pe'lʲuka]
snor (de)	bigote (m)	[bi'gote]
baard (de)	barba (f)	['barβa]
dragen (een baard, enz.)	tener (vt)	[te'ner]
vlecht (de)	trenza (f)	['trenθa]
bakkebaarden (mv.)	patillas (f pl)	[pa'tijas]
ros (roodachtig, rossig)	pelirrojo (adj)	[peli'roχo]
grijs (~ haar)	gris, canoso (adj)	[gris], [ka'noso]

kaal (bn)	calvo (adj)	['kalʲβo]
kale plek (de)	calva (f)	['kalʲβa]
paardenstaart (de)	cola (f) de caballo	['kolʲa de ka'βajo]
pony (de)	flequillo (m)	[fle'kijo]

25. Menselijk lichaam

hand (de)	mano (f)	['mano]
arm (de)	brazo (m)	['braθo]

vinger (de)	dedo (m)	['deðo]
teen (de)	dedo (m) del pie	['deðo delʲ pje]
duim (de)	dedo (m) pulgar	['deðo pulʲ'gar]
pink (de)	dedo (m) meñique	['deðo me'njike]
nagel (de)	uña (f)	['unja]

vuist (de)	puño (m)	['punjo]
handpalm (de)	palma (f)	['palʲma]
pols (de)	muñeca (f)	[mu'njeka]
voorarm (de)	antebrazo (m)	[ante·'βraθo]
elleboog (de)	codo (m)	['koðo]
schouder (de)	hombro (m)	['ombro]

been (rechter ~)	pierna (f)	['pjerna]
voet (de)	planta (f)	['plʲanta]
knie (de)	rodilla (f)	[ro'ðija]
kuit (de)	pantorrilla (f)	[panto'rija]
heup (de)	cadera (f)	[ka'ðera]
hiel (de)	talón (m)	[ta'lʲon]

lichaam (het)	cuerpo (m)	[ku'erpo]
buik (de)	vientre (m)	['bjentre]
borst (de)	pecho (m)	['petʃo]
borst (de)	seno (m)	['seno]
zijde (de)	lado (m), costado (m)	['lʲaðo], [kos'taðo]
rug (de)	espalda (f)	[es'palʲda]
lage rug (de)	zona (f) lumbar	['θona lʲum'bar]
taille (de)	cintura (f), talle (m)	[θin'tura], ['taje]

navel (de)	ombligo (m)	[om'bligo]
billen (mv.)	nalgas (f pl)	['nalʲgas]
achterwerk (het)	trasero (m)	[tra'sero]

huidvlek (de)	lunar (m)	[lʲu'nar]
moedervlek (de)	marca (f) de nacimiento	['marka de naθi'mjento]
tatoeage (de)	tatuaje (m)	[tatu'aχe]
litteken (het)	cicatriz (f)	[sika'triθ]

Kleding en accessoires

26. Bovenkleding. Jassen

kleren (mv.)	ropa (f)	['ropa]
bovenkleding (de)	ropa (f) de calle	['ropa de 'kaje]
winterkleding (de)	ropa (f) de invierno	['ropa de im'bjerno]
jas (de)	abrigo (m)	[a'βrigo]
bontjas (de)	abrigo (m) de piel	[a'βrigo de pjelʲ]
bontjasje (het)	abrigo (m) corto de piel	[a'βrigo 'korto de pjelʲ]
donzen jas (de)	chaqueta (f) plumón	[tʃa'keta plʲu'mon]
jasje (bijv. een leren ~)	cazadora (f)	[kaθa'ðora]
regenjas (de)	impermeable (m)	[imperme'aβle]
waterdicht (bn)	impermeable (adj)	[imperme'aβle]

27. Heren & dames kleding

overhemd (het)	camisa (f)	[ka'misa]
broek (de)	pantalones (m pl)	[panta'lʲones]
jeans (de)	vaqueros (m pl)	[ba'keros]
colbert (de)	chaqueta (f), saco (m)	[tʃa'keta], ['sako]
kostuum (het)	traje (m)	['traxe]
jurk (de)	vestido (m)	[bes'tiðo]
rok (de)	falda (f)	['falʲda]
blouse (de)	blusa (f)	['blʲusa]
wollen vest (de)	rebeca (f), chaqueta (f) de punto	[re'βeka], [tʃa'keta de 'punto]
blazer (kort jasje)	chaqueta (f)	[tʃa'keta]
T-shirt (het)	camiseta (f)	[kami'seta]
shorts (mv.)	pantalones (m pl) cortos	[panta'lʲones 'kortos]
trainingspak (het)	traje (m) deportivo	['traxe depor'tiβo]
badjas (de)	bata (f) de baño	['bata de 'banjo]
pyjama (de)	pijama (m)	[pi'xama]
sweater (de)	suéter (m)	[su'eter]
pullover (de)	pulóver (m)	[pu'lʲoβer]
gilet (het)	chaleco (m)	[tʃa'leko]
rokkostuum (het)	frac (m)	[frak]
smoking (de)	esmoquin (m)	[es'mokin]
uniform (het)	uniforme (m)	[uni'forme]
werkkleding (de)	ropa (f) de trabajo	['ropa de tra'βaxo]
overall (de)	mono (m)	['mono]
doktersjas (de)	bata (f)	['bata]

28. Kleding. Ondergoed

ondergoed (het)	ropa (f) interior	['ropa inte'rjor]
herenslip (de)	bóxer (m)	['bokser]
slipjes (mv.)	bragas (f pl)	['bragas]
onderhemd (het)	camiseta (f) interior	[kami'θeta inte'rjor]
sokken (mv.)	calcetines (m pl)	[kalʲθe'tines]
nachthemd (het)	camisón (m)	[kami'son]
beha (de)	sostén (m)	[sos'ten]
kniekousen (mv.)	calcetines (m pl) altos	[kalʲθe'tines 'alʲtos]
panty (de)	pantimedias (f pl)	[panti'meðias]
nylonkousen (mv.)	medias (f pl)	['meðias]
badpak (het)	traje (m) de baño	['traχe de 'banjo]

29. Hoofddeksels

hoed (de)	gorro (m)	['goro]
deukhoed (de)	sombrero (m)	[som'brero]
honkbalpet (de)	gorra (f) de béisbol	['gora de 'bejsβolʲ]
kleppet (de)	gorra (f) plana	['gora 'plʲana]
baret (de)	boina (f)	['bojna]
kap (de)	capuchón (m)	[kapu'tʃon]
panamahoed (de)	panamá (m)	[pana'ma]
gebreide muts (de)	gorro (m) de punto	['goro de 'punto]
hoofddoek (de)	pañuelo (m)	[panju'elʲo]
dameshoed (de)	sombrero (m) de mujer	[som'brero de mu'χer]
veiligheidshelm (de)	casco (m)	['kasko]
veldmuts (de)	gorro (m) de campaña	['goro de kam'panja]
helm, valhelm (de)	casco (m)	['kasko]
bolhoed (de)	bombín (m)	[bom'bin]
hoge hoed (de)	sombrero (m) de copa	[som'brero de 'kopa]

30. Schoeisel

schoeisel (het)	calzado (m)	[kalʲ'θaðo]
schoenen (mv.)	botas (f pl)	['botas]
vrouwenschoenen (mv.)	zapatos (m pl)	[θa'patos]
laarzen (mv.)	botas (f pl)	['botas]
pantoffels (mv.)	zapatillas (f pl)	[θapa'tijas]
sportschoenen (mv.)	tenis (m pl)	['tenis]
sneakers (mv.)	zapatillas (f pl) de lona	[θapa'tijas de 'lʲona]
sandalen (mv.)	sandalias (f pl)	[san'daljas]
schoenlapper (de)	zapatero (m)	[θapa'tero]
hiel (de)	tacón (m)	[ta'kon]

paar (een ~ schoenen)	par (m)	[par]
veter (de)	cordón (m)	[kor'ðon]
rijgen (schoenen ~)	encordonar (vt)	[eŋkorðo'nar]
schoenlepel (de)	calzador (m)	[kalʲθa'ðor]
schoensmeer (de/het)	betún (m)	[be'tun]

31. Persoonlijke accessoires

handschoenen (mv.)	guantes (m pl)	[gu'antes]
wanten (mv.)	manoplas (f pl)	[ma'noplʲas]
sjaal (fleece ~)	bufanda (f)	[bu'fanda]
bril (de)	gafas (f pl)	['gafas]
brilmontuur (het)	montura (f)	[mon'tura]
paraplu (de)	paraguas (m)	[pa'raguas]
wandelstok (de)	bastón (m)	[bas'ton]
haarborstel (de)	cepillo (m) de pelo	[θe'pijo de 'pelʲo]
waaier (de)	abanico (m)	[aβa'niko]
das (de)	corbata (f)	[kor'βata]
strikje (het)	pajarita (f)	[paχa'rita]
bretels (mv.)	tirantes (m pl)	[ti'rantes]
zakdoek (de)	moquero (m)	[mo'kero]
kam (de)	peine (m)	['pejne]
haarspeldje (het)	pasador (m) de pelo	[pasa'ðor de 'pelʲo]
schuifspeldje (het)	horquilla (f)	[or'kija]
gesp (de)	hebilla (f)	[e'βija]
broekriem (de)	cinturón (m)	[θintu'ron]
draagriem (de)	correa (f)	[ko'rea]
handtas (de)	bolsa (f)	['bolʲsa]
damestas (de)	bolso (m)	['bolʲso]
rugzak (de)	mochila (f)	[mo'tʃilʲa]

32. Kleding. Diversen

mode (de)	moda (f)	['moða]
de mode (bn)	de moda (adj)	[de 'moða]
kledingstilist (de)	diseñador (m) de moda	[disenja'ðor de 'moða]
kraag (de)	cuello (m)	[ku'ejo]
zak (de)	bolsillo (m)	[bolʲ'sijo]
zak- (abn)	de bolsillo (adj)	[de bolʲ'sijo]
mouw (de)	manga (f)	['manga]
lusje (het)	presilla (f)	[pre'sija]
gulp (de)	brageta (f)	[bra'geta]
rits (de)	cremallera (f)	[krema'jera]
sluiting (de)	cierre (m)	['θjere]
knoop (de)	botón (m)	[bo'ton]

knoopsgat (het)	ojal (m)	[o'xalʲ]
losraken (bijv. knopen)	saltar (vi)	[salʲ'tar]

naaien (kleren, enz.)	coser (vi, vt)	[ko'ser]
borduren (ww)	bordar (vt)	[bor'ðar]
borduursel (het)	bordado (m)	[bor'ðaðo]
naald (de)	aguja (f)	[a'guxa]
draad (de)	hilo (m)	['ilʲo]
naad (de)	costura (f)	[kos'tura]

vies worden (ww)	ensuciarse (vr)	[ensu'θjarse]
vlek (de)	mancha (f)	['mantʃa]
gekreukt raken (ov. kleren)	arrugarse (vr)	[aru'garse]
scheuren (ov.ww.)	rasgar (vt)	[ras'gar]
mot (de)	polilla (f)	[po'lija]

33. Persoonlijke verzorging. Schoonheidsmiddelen

tandpasta (de)	pasta (f) de dientes	['pasta de 'djentes]
tandenborstel (de)	cepillo (m) de dientes	[θe'pijo de 'djentes]
tanden poetsen (ww)	**limpiarse los dientes**	[lim'pjarse los 'djentes]

scheermes (het)	maquinilla (f) de afeitar	[maki'nija de afej'tar]
scheerschuim (het)	crema (f) de afeitar	['krema de afej'tar]
zich scheren (ww)	afeitarse (vr)	[afej'tarse]

zeep (de)	jabón (m)	[xa'βon]
shampoo (de)	champú (m)	[tʃam'pu]

schaar (de)	tijeras (f pl)	[ti'xeras]
nagelvijl (de)	lima (f) de uñas	['lima de 'unjas]
nagelknipper (de)	cortaúñas (m pl)	[korta·'unjas]
pincet (het)	pinzas (f pl)	['pinθas]

cosmetica (mv.)	cosméticos (m pl)	[kos'metikos]
masker (het)	mascarilla (f)	[maska'rija]
manicure (de)	manicura (f)	[mani'kura]
manicure doen	hacer la manicura	[a'θer lʲa mani'kura]
pedicure (de)	pedicura (f)	[peði'kura]

cosmetica tasje (het)	bolsa (f) de maquillaje	['bolʲsa de maki'jaxe]
poeder (de/het)	polvos (m pl)	['polʲβos]
poederdoos (de)	polvera (f)	[polʲ'βera]
rouge (de)	colorete (m)	[kolʲo'rete]

parfum (de/het)	perfume (m)	[per'fume]
eau de toilet (de)	agua (f) de tocador	['agua de [toka'ðor]
lotion (de)	loción (f)	[lʲo'θjon]
eau de cologne (de)	agua (f) de Colonia	['agua de ko'lʲonia]

oogschaduw (de)	sombra (f) de ojos	['sombra de 'oxos]
oogpotlood (het)	lápiz (m) de ojos	['lʲapiθ de 'oxos]
mascara (de)	rímel (m)	['rimelʲ]
lippenstift (de)	pintalabios (m)	[pinta·'lʲaβios]

nagellak (de)	esmalte (m) de uñas	[es'malʲte de 'unjas]
haarlak (de)	fijador (m)	[fiχa'ðor]
deodorant (de)	desodorante (m)	[desoðo'rante]

crème (de)	crema (f)	['krema]
gezichtscrème (de)	crema (f) de belleza	['krema de be'jeθa]
handcrème (de)	crema (f) de manos	['krema de 'manos]
antirimpelcrème (de)	crema (f) antiarrugas	['krema anti·a'rugas]
dagcrème (de)	crema (f) de día	['krema de 'dia]
nachtcrème (de)	crema (f) de noche	['krema de 'notʃe]
dag- (abn)	de día (adj)	[de 'dia]
nacht- (abn)	de noche (adj)	[de 'notʃe]

tampon (de)	tampón (m)	[tam'pon]
toiletpapier (het)	papel (m) higiénico	[pa'pelʲ i'xjeniko]
föhn (de)	secador (m) de pelo	[seka'ðor de 'pelʲo]

34. Horloges. Klokken

polshorloge (het)	reloj (m)	[re'lʲoχ]
wijzerplaat (de)	esfera (f)	[es'fera]
wijzer (de)	aguja (f)	[a'guχa]
metalen horlogeband (de)	pulsera (f)	[pulʲ'sera]
horlogebandje (het)	correa (f)	[ko'rea]

batterij (de)	pila (f)	['pilʲa]
leeg zijn (ww)	descargarse (vr)	[deskar'garse]
batterij vervangen	cambiar la pila	[kam'bjar lʲa 'pilʲa]
voorlopen (ww)	adelantarse (vr)	[aðelʲan'tarθe]
achterlopen (ww)	retrasarse (vr)	[retra'sarse]

wandklok (de)	reloj (m) de pared	[re'lʲoχ de pa'reð]
zandloper (de)	reloj (m) de arena	[re'lʲoχ de a'rena]
zonnewijzer (de)	reloj (m) de sol	[re'lʲoχ de 'solʲ]
wekker (de)	despertador (m)	[desperta'ðor]
horlogemaker (de)	relojero (m)	[relʲo'xero]
repareren (ww)	reparar (vt)	[repa'rar]

Voedsel. Voeding

35. Voedsel

vlees (het)	carne (f)	['karne]
kip (de)	gallina (f)	[ga'jina]
kuiken (het)	pollo (m)	['pojo]
eend (de)	pato (m)	['pato]
gans (de)	ganso (m)	['ganso]
wild (het)	caza (f) menor	['kaθa me'nor]
kalkoen (de)	pava (f)	['paβa]
varkensvlees (het)	carne (f) de cerdo	['karne de 'θerðo]
kalfsvlees (het)	carne (f) de ternera	['karne de ter'nera]
schapenvlees (het)	carne (f) de carnero	['karne de kar'nero]
rundvlees (het)	carne (f) de vaca	['karne de 'baka]
konijnenvlees (het)	conejo (m)	[ko'neχo]
worst (de)	salchichón (m)	[salˡtʃi'tʃon]
saucijs (de)	salchicha (f)	[salˡ'tʃitʃa]
spek (het)	beicon (m)	['bejkon]
ham (de)	jamón (m)	[χa'mon]
gerookte achterham (de)	jamón (m) fresco	[χa'mon 'fresko]
paté (de)	paté (m)	[pa'te]
lever (de)	hígado (m)	['igaðo]
gehakt (het)	carne (f) picada	['karne pi'kaða]
tong (de)	lengua (f)	['lengua]
ei (het)	huevo (m)	[u'eβo]
eieren (mv.)	huevos (m pl)	[u'eβos]
eiwit (het)	clara (f)	['klˡara]
eigeel (het)	yema (f)	['jema]
vis (de)	pescado (m)	[pes'kaðo]
zeevruchten (mv.)	mariscos (m pl)	[ma'riskos]
schaaldieren (mv.)	crustáceos (m pl)	[krus'taθeos]
kaviaar (de)	caviar (m)	[ka'βjar]
krab (de)	cangrejo (m) de mar	[kan'greχo de 'mar]
garnaal (de)	camarón (m)	[kama'ron]
oester (de)	ostra (f)	['ostra]
langoest (de)	langosta (f)	[lˡan'gosta]
octopus (de)	pulpo (m)	['pulˡpo]
inktvis (de)	calamar (m)	[kalˡa'mar]
steur (de)	esturión (m)	[estu'rjon]
zalm (de)	salmón (m)	[salˡ'mon]
heilbot (de)	fletán (m)	[fle'tan]
kabeljauw (de)	bacalao (m)	[baka'lˡao]

makreel (de)	caballa (f)	[ka'βaja]
tonijn (de)	atún (m)	[a'tun]
paling (de)	anguila (f)	[an'gilʲa]
forel (de)	trucha (f)	['trutʃa]
sardine (de)	sardina (f)	[sar'ðina]
snoek (de)	lucio (m)	['lʲuθio]
haring (de)	arenque (m)	[a'reŋke]
brood (het)	pan (m)	[pan]
kaas (de)	queso (m)	['keso]
suiker (de)	azúcar (m)	[a'θukar]
zout (het)	sal (f)	[salʲ]
rijst (de)	arroz (m)	[a'roθ]
pasta (de)	macarrones (m pl)	[maka'rones]
noedels (mv.)	tallarines (m pl)	[taja'rines]
boter (de)	mantequilla (f)	[mante'kija]
plantaardige olie (de)	aceite (m) vegetal	[a'θejte beχe'talʲ]
zonnebloemolie (de)	aceite (m) de girasol	[a'θejte de χira'solʲ]
margarine (de)	margarina (f)	[marga'rina]
olijven (mv.)	olivas, aceitunas (f pl)	[o'liβas], [aθei'tunas]
olijfolie (de)	aceite (m) de oliva	[a'θejte de o'liβa]
melk (de)	leche (f)	['letʃe]
gecondenseerde melk (de)	leche (f) condensada	['letʃe konden'saða]
yoghurt (de)	yogur (m)	[jo'gur]
zure room (de)	nata (f) agria	['nata 'aɣria]
room (de)	nata (f) líquida	['nata 'likiða]
mayonaise (de)	mayonesa (f)	[majo'nesa]
crème (de)	crema (f) de mantequilla	['krema de mante'kija]
graan (het)	cereales (m pl) integrales	[θere'ales inte'ɣrales]
meel (het), bloem (de)	harina (f)	[a'rina]
conserven (mv.)	conservas (f pl)	[kon'serβas]
maïsvlokken (mv.)	copos (m pl) de maíz	['kopos de ma'iθ]
honing (de)	miel (f)	[mjelʲ]
jam (de)	confitura (f)	[komfi'tura]
kauwgom (de)	chicle (m)	['tʃikle]

36. Drankjes

water (het)	agua (f)	['agua]
drinkwater (het)	agua (f) potable	['agua po'taβle]
mineraalwater (het)	agua (f) mineral	['agua mine'ralʲ]
zonder gas	sin gas	[sin 'gas]
koolzuurhoudend (bn)	gaseoso (adj)	[gase'oso]
bruisend (bn)	con gas	[kon 'gas]
ijs (het)	hielo (m)	['jelʲo]

met ijs	con hielo	[kon 'jelʲo]
alcohol vrij (bn)	sin alcohol	[sin alʲko'olʲ]
alcohol vrije drank (de)	bebida (f) sin alcohol	[be'βiða sin alʲko'olʲ]
frisdrank (de)	refresco (m)	[re'fresko]
limonade (de)	limonada (f)	[limo'naða]
alcoholische dranken (mv.)	bebidas (f pl) alcohólicas	[be'βiðas alʲko'olikas]
wijn (de)	vino (m)	['bino]
witte wijn (de)	vino (m) blanco	['bino 'blʲaŋko]
rode wijn (de)	vino (m) tinto	['bino 'tinto]
likeur (de)	licor (m)	[li'kor]
champagne (de)	champaña (f)	[ʧam'panja]
vermout (de)	vermú (m)	[ber'mu]
whisky (de)	whisky (m)	['wiski]
wodka (de)	vodka (m)	['boðka]
gin (de)	ginebra (f)	[xi'neβra]
cognac (de)	coñac (m)	[ko'njak]
rum (de)	ron (m)	[ron]
koffie (de)	café (m)	[ka'fe]
zwarte koffie (de)	café (m) solo	[ka'fe 'solʲo]
koffie (de) met melk	café (m) con leche	[ka'fe kon 'leʧe]
cappuccino (de)	capuchino (m)	[kapu'ʧino]
oploskoffie (de)	café (m) soluble	[ka'fe so'lʲuβle]
melk (de)	leche (f)	['leʧe]
cocktail (de)	cóctel (m)	['koktelʲ]
milkshake (de)	batido (m)	[ba'tiðo]
sap (het)	zumo (m), jugo (m)	['θumo], ['xugo]
tomatensap (het)	jugo (m) de tomate	['xugo de to'mate]
sinaasappelsap (het)	zumo (m) de naranja	['θumo de na'ranxa]
vers geperst sap (het)	zumo (m) fresco	['θumo 'fresko]
bier (het)	cerveza (f)	[θer'βeθa]
licht bier (het)	cerveza (f) rubia	[θer'βeθa 'ruβia]
donker bier (het)	cerveza (f) negra	[θer'βeθa 'neɣra]
thee (de)	té (m)	[te]
zwarte thee (de)	té (m) negro	['te 'neɣro]
groene thee (de)	té (m) verde	['te 'berðe]

37. Groenten

groenten (mv.)	legumbres (f pl)	[le'gumbres]
verse kruiden (mv.)	verduras (f pl)	[ber'ðuras]
tomaat (de)	tomate (m)	[to'mate]
augurk (de)	pepino (m)	[pe'pino]
wortel (de)	zanahoria (f)	[θana'oria]
aardappel (de)	patata (f)	[pa'tata]
ui (de)	cebolla (f)	[θe'βoja]

knoflook (de)	ajo (m)	[ˈaxo]
kool (de)	col (f)	[kolʲ]
bloemkool (de)	coliflor (f)	[koliˈflʲor]
spruitkool (de)	col (f) de Bruselas	[kolʲ de bruˈselʲas]
broccoli (de)	brócoli (m)	[ˈbrokoli]
rode biet (de)	remolacha (f)	[remoˈlʲatʃa]
aubergine (de)	berenjena (f)	[berenˈxena]
courgette (de)	calabacín (m)	[kalʲaβaˈθin]
pompoen (de)	calabaza (f)	[kalʲaˈβaθa]
raap (de)	nabo (m)	[ˈnaβo]
peterselie (de)	perejil (m)	[pereˈxilʲ]
dille (de)	eneldo (m)	[eˈnelʲdo]
sla (de)	lechuga (f)	[leˈtʃuga]
selderij (de)	apio (m)	[ˈapio]
asperge (de)	espárrago (m)	[esˈparago]
spinazie (de)	espinaca (f)	[espiˈnaka]
erwt (de)	guisante (m)	[giˈsante]
bonen (mv.)	habas (f pl)	[ˈaβas]
maïs (de)	maíz (m)	[maˈiθ]
nierboon (de)	fréjol (m)	[ˈfrexolʲ]
peper (de)	pimiento (m) dulce	[piˈmjento ˈdulθe]
radijs (de)	rábano (m)	[ˈraβano]
artisjok (de)	alcachofa (f)	[alʲkaˈtʃofa]

38. Vruchten. Noten

vrucht (de)	fruto (m)	[ˈfruto]
appel (de)	manzana (f)	[manˈθana]
peer (de)	pera (f)	[ˈpera]
citroen (de)	limón (m)	[liˈmon]
sinaasappel (de)	naranja (f)	[naˈranxa]
aardbei (de)	fresa (f)	[ˈfresa]
mandarijn (de)	mandarina (f)	[mandaˈrina]
pruim (de)	ciruela (f)	[θiruˈelʲa]
perzik (de)	melocotón (m)	[melʲokoˈton]
abrikoos (de)	albaricoque (m)	[alʲβariˈkoke]
framboos (de)	frambuesa (f)	[frambuˈesa]
ananas (de)	piña (f)	[ˈpinja]
banaan (de)	banana (f)	[baˈnana]
watermeloen (de)	sandía (f)	[sanˈdia]
druif (de)	uva (f)	[ˈuβa]
zure kers (de)	guinda (f)	[ˈginda]
zoete kers (de)	cereza (f)	[θeˈreθa]
meloen (de)	melón (m)	[meˈlʲon]
grapefruit (de)	pomelo (m)	[poˈmelʲo]
avocado (de)	aguacate (m)	[aguaˈkate]
papaja (de)	papaya (f)	[paˈpaja]

mango (de)	mango (m)	['mango]
granaatappel (de)	granada (f)	[gra'naða]
rode bes (de)	grosella (f) roja	[gro'seja 'roχa]
zwarte bes (de)	grosella (f) negra	[gro'seja 'neɣra]
kruisbes (de)	grosella (f) espinosa	[gro'seja espi'nosa]
blauwe bosbes (de)	arándano (m)	[a'randano]
braambes (de)	zarzamoras (f pl)	[θarθa'moras]
rozijn (de)	pasas (f pl)	['pasas]
vijg (de)	higo (m)	['igo]
dadel (de)	dátil (m)	['datilʲ]
pinda (de)	cacahuete (m)	[kakau'ete]
amandel (de)	almendra (f)	[alʲ'mendra]
walnoot (de)	nuez (f)	[nu'eθ]
hazelnoot (de)	avellana (f)	[aβe'jana]
kokosnoot (de)	nuez (f) de coco	[nu'eθ de 'koko]
pistaches (mv.)	pistachos (m pl)	[pis'tatʃos]

39. Brood. Snoep

suikerbakkerij (de)	pasteles (m pl)	[pas'teles]
brood (het)	pan (m)	[pan]
koekje (het)	galletas (f pl)	[ga'jetas]
chocolade (de)	chocolate (m)	[tʃoko'lʲate]
chocolade- (abn)	de chocolate (adj)	[de tʃoko'lʲate]
snoepje (het)	caramelo (m)	[kara'melʲo]
cakeje (het)	mini tarta (f)	['mini 'tarta]
taart (bijv. verjaardags~)	tarta (f)	['tarta]
pastei (de)	tarta (f)	['tarta]
vulling (de)	relleno (m)	[re'jeno]
confituur (de)	confitura (f)	[komfi'tura]
marmelade (de)	mermelada (f)	[merme'lʲaða]
wafel (de)	gofre (m)	['gofre]
ijsje (het)	helado (m)	[e'lʲaðo]
pudding (de)	pudin (m)	['puðin]

40. Bereide gerechten

gerecht (het)	plato (m)	['plʲato]
keuken (bijv. Franse ~)	cocina (f)	[ko'θina]
recept (het)	receta (f)	[re'θeta]
portie (de)	porción (f)	[por'θjon]
salade (de)	ensalada (f)	[ensa'lʲaða]
soep (de)	sopa (f)	['sopa]
bouillon (de)	caldo (m)	['kalʲdo]
boterham (de)	bocadillo (m)	[boka'ðijo]

spiegelei (het)	huevos (m pl) fritos	[u'eβos 'fritos]
hamburger (de)	hamburguesa (f)	[ambur'gesa]
biefstuk (de)	bistec (m)	[bis'tek]

garnering (de)	guarnición (f)	[guarni'θjon]
spaghetti (de)	espagueti (m)	[espa'geti]
aardappelpuree (de)	puré (m) de patatas	[pu're de pa'tatas]
pizza (de)	pizza (f)	['pitsa]
pap (de)	gachas (f pl)	['gatʃas]
omelet (de)	tortilla (f) francesa	[tor'tija fran'θesa]

gekookt (in water)	cocido en agua (adj)	[ko'θiðo en 'agua]
gerookt (bn)	ahumado (adj)	[au'maðo]
gebakken (bn)	frito (adj)	['frito]
gedroogd (bn)	seco (adj)	['seko]
diepvries (bn)	congelado (adj)	[konχe'lʲaðo]
gemarineerd (bn)	marinado (adj)	[mari'naðo]

zoet (bn)	azucarado, dulce (adj)	[aθuka'raðo], ['dulʲθe]
gezouten (bn)	salado (adj)	[sa'lʲaðo]
koud (bn)	frío (adj)	['frio]
heet (bn)	caliente (adj)	[ka'ljente]
bitter (bn)	amargo (adj)	[a'margo]
lekker (bn)	sabroso (adj)	[sa'βroso]

koken (in kokend water)	cocer (vt) en agua	[ko'θer en 'agua]
bereiden (avondmaaltijd ~)	preparar (vt)	[prepa'rar]
bakken (ww)	freír (vt)	[fre'ir]
opwarmen (ww)	calentar (vt)	[kalen'tar]

zouten (ww)	salar (vt)	[sa'lʲar]
peperen (ww)	poner pimienta	[po'ner pi'mjenta]
raspen (ww)	rallar (vt)	[ra'jar]
schil (de)	piel (f)	[pjelʲ]
schillen (ww)	pelar (vt)	[pe'lʲar]

41. Kruiden

zout (het)	sal (f)	[salʲ]
gezouten (bn)	salado (adj)	[sa'lʲaðo]
zouten (ww)	salar (vt)	[sa'lʲar]

zwarte peper (de)	pimienta (f) negra	[pi'mjenta 'neɣra]
rode peper (de)	pimienta (f) roja	[pi'mjenta 'roχa]
mosterd (de)	mostaza (f)	[mos'taθa]
mierikswortel (de)	rábano (m) picante	['raβano pi'kante]

condiment (het)	condimento (m)	[kondi'mento]
specerij, kruiderij (de)	especia (f)	[es'peθia]
saus (de)	salsa (f)	['salʲsa]
azijn (de)	vinagre (m)	[bi'naɣre]

| anijs (de) | anís (m) | [a'nis] |
| basilicum (de) | albahaca (f) | [alʲβa'aka] |

kruidnagel (de)	clavo (m)	['klʲaβo]
gember (de)	jengibre (m)	[xen'xiβre]
koriander (de)	cilantro (m)	[θi'lʲantro]
kaneel (de/het)	canela (f)	[ka'nelʲa]
sesamzaad (het)	sésamo (m)	['sesamo]
laurierblad (het)	hoja (f) de laurel	['oxa de lʲau'relʲ]
paprika (de)	paprika (f)	[pap'rika]
komijn (de)	comino (m)	[ko'mino]
saffraan (de)	azafrán (m)	[aθa'fran]

42. Maaltijden

eten (het)	comida (f)	[ko'miða]
eten (ww)	comer (vi, vt)	[ko'mer]
ontbijt (het)	desayuno (m)	[desa'juno]
ontbijten (ww)	desayunar (vi)	[desaju'nar]
lunch (de)	almuerzo (m)	[alʲmu'erθo]
lunchen (ww)	almorzar (vi)	[alʲmor'θar]
avondeten (het)	cena (f)	['θena]
souperen (ww)	cenar (vi)	[θe'nar]
eetlust (de)	apetito (m)	[ape'tito]
Eet smakelijk!	¡Que aproveche!	[ke apro'βetʃe]
openen (een fles ~)	abrir (vt)	[a'βrir]
morsen (koffie, enz.)	derramar (vt)	[dera'mar]
zijn gemorst	derramarse (vr)	[dera'marse]
koken (water kookt bij 100°C)	hervir (vi)	[er'βir]
koken (Hoe om water te ~)	hervir (vt)	[er'βir]
gekookt (~ water)	hervido (adj)	[er'βiðo]
afkoelen (koeler maken)	enfriar (vt)	[eɱfri'ar]
afkoelen (koeler worden)	enfriarse (vr)	[eɱfri'arse]
smaak (de)	sabor (m)	[sa'βor]
nasmaak (de)	regusto (m)	[re'gusto]
volgen een dieet	adelgazar (vi)	[aðelʲga'θar]
dieet (het)	dieta (f)	[di'eta]
vitamine (de)	vitamina (f)	[bita'mina]
calorie (de)	caloría (f)	[kalʲo'ria]
vegetariër (de)	vegetariano (m)	[beχeta'rjano]
vegetarisch (bn)	vegetariano (adj)	[beχeta'rjano]
vetten (mv.)	grasas (f pl)	['grasas]
eiwitten (mv.)	proteínas (f pl)	[prote'inas]
koolhydraten (mv.)	carbohidratos (m pl)	[karβoi'ðratos]
snede (de)	loncha (f)	['lʲontʃa]
stuk (bijv. een ~ taart)	pedazo (m)	[pe'ðaθo]
kruimel (de)	miga (f)	['miga]

43. Tafelschikking

lepel (de)	cuchara (f)	[ku'tʃara]
mes (het)	cuchillo (m)	[ku'tʃijo]
vork (de)	tenedor (m)	[tene'ðor]
kopje (het)	taza (f)	['taθa]
bord (het)	plato (m)	['plʲato]
schoteltje (het)	platillo (m)	[plʲa'tijo]
servet (het)	servilleta (f)	[serβi'jeta]
tandenstoker (de)	mondadientes (m)	[monda'ðjentes]

44. Restaurant

restaurant (het)	restaurante (m)	[restau'rante]
koffiehuis (het)	cafetería (f)	[kafete'ria]
bar (de)	bar (m)	[bar]
tearoom (de)	salón (m) de té	[sa'lʲon de 'te]
kelner, ober (de)	camarero (m)	[kama'rero]
serveerster (de)	camarera (f)	[kama'rera]
barman (de)	barman (m)	['barman]
menu (het)	carta (f), menú (m)	['karta], [me'nu]
wijnkaart (de)	carta (f) de vinos	['karta de 'binos]
een tafel reserveren	reservar una mesa	[reser'βar 'una 'mesa]
gerecht (het)	plato (m)	['plʲato]
bestellen (eten ~)	pedir (vt)	[pe'ðir]
een bestelling maken	hacer un pedido	[a'θer un pe'ðiðo]
aperitief (de/het)	aperitivo (m)	[aperi'tiβo]
voorgerecht (het)	entremés (m)	[entre'mes]
dessert (het)	postre (m)	['postre]
rekening (de)	cuenta (f)	[ku'enta]
de rekening betalen	pagar la cuenta	[pa'gar lʲa ku'enta]
wisselgeld teruggeven	dar la vuelta	['dar lʲa bu'elta]
fooi (de)	propina (f)	[pro'pina]

Familie, verwanten en vrienden

45. Persoonlijke informatie. Formulieren

naam (de)	nombre (m)	['nombre]
achternaam (de)	apellido (m)	[ape'jiðo]
geboortedatum (de)	fecha (f) de nacimiento	['fetʃa de naθi'mjento]
geboorteplaats (de)	lugar (m) de nacimiento	[lʲu'gar de naθi'mjento]
nationaliteit (de)	nacionalidad (f)	[naθjonali'ðað]
woonplaats (de)	domicilio (m)	[domi'θilio]
land (het)	país (m)	[pa'is]
beroep (het)	profesión (f)	[profe'sjon]
geslacht (ov. het vrouwelijk ~)	sexo (m)	['sekso]
lengte (de)	estatura (f)	[esta'tura]
gewicht (het)	peso (m)	['peso]

46. Familieleden. Verwanten

moeder (de)	madre (f)	['maðre]
vader (de)	padre (m)	['paðre]
zoon (de)	hijo (m)	['ixo]
dochter (de)	hija (f)	['ixa]
jongste dochter (de)	hija (f) menor	['ixa me'nor]
jongste zoon (de)	hijo (m) menor	['ixo me'nor]
oudste dochter (de)	hija (f) mayor	['ixa ma'jor]
oudste zoon (de)	hijo (m) mayor	['ixo ma'jor]
broer (de)	hermano (m)	[er'mano]
oudere broer (de)	hermano (m) mayor	[er'mano ma'jor]
jongere broer (de)	hermano (m) menor	[er'mano me'nor]
zuster (de)	hermana (f)	[er'mana]
oudere zuster (de)	hermana (f) mayor	[er'mana ma'jor]
jongere zuster (de)	hermana (f) menor	[er'mana me'nor]
neef (zoon van oom, tante)	primo (m)	['primo]
nicht (dochter van oom, tante)	prima (f)	['prima]
mama (de)	mamá (f)	[ma'ma]
papa (de)	papá (m)	[pa'pa]
ouders (mv.)	padres (pl)	['paðres]
kind (het)	niño (m), niña (f)	['ninjo], ['ninja]
kinderen (mv.)	niños (pl)	['ninjos]
oma (de)	abuela (f)	[aβu'elʲa]
opa (de)	abuelo (m)	[aβu'elʲo]

kleinzoon (de)	nieto (m)	['njeto]
kleindochter (de)	nieta (f)	['njeta]
kleinkinderen (mv.)	nietos (pl)	['njetos]

oom (de)	tío (m)	['tio]
tante (de)	tía (f)	['tia]
neef (zoon van broer, zus)	sobrino (m)	[so'βrino]
nicht (dochter van broer, zus)	sobrina (f)	[so'βrina]

schoonmoeder (de)	suegra (f)	[su'eɣra]
schoonvader (de)	suegro (m)	[su'eɣro]
schoonzoon (de)	yerno (m)	['jerno]
stiefmoeder (de)	madrastra (f)	[ma'ðrastra]
stiefvader (de)	padrastro (m)	[pa'ðrastro]

zuigeling (de)	niño (m) de pecho	['ninjo de 'petʃo]
wiegenkind (het)	bebé (m)	[be'βe]
kleuter (de)	chico (m)	['tʃiko]

vrouw (de)	mujer (f)	[mu'χer]
man (de)	marido (m)	[ma'riðo]
echtgenoot (de)	esposo (m)	[es'poso]
echtgenote (de)	esposa (f)	[es'posa]

gehuwd (mann.)	casado (adj)	[ka'saðo]
gehuwd (vrouw.)	casada (adj)	[ka'saða]
ongehuwd (mann.)	soltero (adj)	[solʲ'tero]
vrijgezel (de)	soltero (m)	[solʲ'tero]
gescheiden (bn)	divorciado (adj)	[diβor'θjaðo]
weduwe (de)	viuda (f)	['bjuða]
weduwnaar (de)	viudo (m)	['bjuðo]

familielid (het)	pariente (m)	[pa'rjente]
dichte familielid (het)	pariente (m) cercano	[pa'rjente θer'kano]
verre familielid (het)	pariente (m) lejano	[pa'rjente le'χano]
familieleden (mv.)	parientes (pl)	[pa'rjentes]

wees (weesjongen)	huérfano (m)	[u'erfano]
wees (weesmeisje)	huérfana (f)	[u'erfana]
voogd (de)	tutor (m)	[tu'tor]
adopteren (een jongen te ~)	adoptar, ahijar (vt)	[aðop'tar], [ai'χar]
adopteren (een meisje te ~)	adoptar, ahijar (vt)	[aðop'tar], [ai'χar]

Geneeskunde

47. Ziekten

ziekte (de)	enfermedad (f)	[eɱferme'ðað]
ziek zijn (ww)	estar enfermo	[es'tar eɱ'fermo]
gezondheid (de)	salud (f)	[sa'lʲuð]
snotneus (de)	resfriado (m)	[resfri'aðo]
angina (de)	angina (f)	[an'xina]
verkoudheid (de)	resfriado (m)	[resfri'aðo]
verkouden raken (ww)	resfriarse (vr)	[resfri'arse]
bronchitis (de)	bronquitis (f)	[broŋ'kitis]
longontsteking (de)	pulmonía (f)	[pulʲmo'nia]
griep (de)	gripe (f)	['gripe]
bijziend (bn)	miope (adj)	[mi'ope]
verziend (bn)	présbita (adj)	['presβita]
scheelheid (de)	estrabismo (m)	[estra'βismo]
scheel (bn)	estrábico (m) (adj)	[es'traβiko]
grauwe staar (de)	catarata (f)	[kata'rata]
glaucoom (het)	glaucoma (m)	[glʲau'koma]
beroerte (de)	insulto (m)	[in'sulʲto]
hartinfarct (het)	ataque (m) cardiaco	[a'take kar'ðjako]
myocardiaal infarct (het)	infarto (m) de miocardio	[iɱ'farto de mio'karðio]
verlamming (de)	parálisis (f)	[pa'ralisis]
verlammen (ww)	paralizar (vt)	[parali'θar]
allergie (de)	alergia (f)	[a'lerxia]
astma (de/het)	asma (f)	['asma]
diabetes (de)	diabetes (f)	[dia'βetes]
tandpijn (de)	dolor (m) de muelas	[do'lʲor de mu'elʲas]
tandbederf (het)	caries (f)	['karies]
diarree (de)	diarrea (f)	[dia'rea]
constipatie (de)	estreñimiento (m)	[estrenji'mjento]
maagstoornis (de)	molestia (f) estomacal	[mo'lestja estoma'kalʲ]
voedselvergiftiging (de)	envenenamiento (m)	[embena'mjento]
voedselvergiftiging oplopen	envenenarse (vr)	[embene'narse]
artritis (de)	artritis (f)	[ar'tritis]
rachitis (de)	raquitismo (m)	[raki'tismo]
reuma (het)	reumatismo (m)	[reuma'tismo]
arteriosclerose (de)	aterosclerosis (f)	[ateroskle'rosis]
gastritis (de)	gastritis (f)	[gas'tritis]
blindedarmontsteking (de)	apendicitis (f)	[apendi'θitis]

galblaasontsteking (de)	colecistitis (f)	[koleθis'titis]
zweer (de)	úlcera (f)	['ulʲθera]

mazelen (mv.)	sarampión (m)	[saram'pjon]
rodehond (de)	rubeola (f)	[ruβe'olʲa]
geelzucht (de)	ictericia (f)	[ikte'riθia]
leverontsteking (de)	hepatitis (f)	[epa'titis]

schizofrenie (de)	esquizofrenia (f)	[eskiθo'frenia]
dolheid (de)	rabia (f)	['raβia]
neurose (de)	neurosis (f)	[neu'rosis]
hersenschudding (de)	conmoción (f) cerebral	[konmo'θjon θere'βralʲ]

kanker (de)	cáncer (m)	['kanθer]
sclerose (de)	esclerosis (f)	[eskle'rosis]
multiple sclerose (de)	esclerosis (f) múltiple	[eskle'rosis 'mulʲtiple]

alcoholisme (het)	alcoholismo (m)	[alʲkoo'lismo]
alcoholicus (de)	alcohólico (m)	[alʲko'oliko]
syfilis (de)	sífilis (f)	['sifilis]
AIDS (de)	SIDA (m)	['siða]

tumor (de)	tumor (m)	[tu'mor]
kwaadaardig (bn)	maligno (adj)	[ma'liɣno]
goedaardig (bn)	benigno (adj)	[be'niɣno]
koorts (de)	fiebre (f)	['fjeβre]
malaria (de)	malaria (f)	[ma'lʲaria]
gangreen (het)	gangrena (f)	[gan'grena]
zeeziekte (de)	mareo (m)	[ma'reo]
epilepsie (de)	epilepsia (f)	[epi'lepsia]

epidemie (de)	epidemia (f)	[epi'ðemia]
tyfus (de)	tifus (m)	['tifus]
tuberculose (de)	tuberculosis (f)	[tuβerku'lʲosis]
cholera (de)	cólera (f)	['kolera]
pest (de)	peste (f)	['peste]

48. Symptomen. Behandelingen. Deel 1

symptoom (het)	síntoma (m)	['sintoma]
temperatuur (de)	temperatura (f)	[tempera'tura]
verhoogde temperatuur (de)	fiebre (f)	['fjeβre]
polsslag (de)	pulso (m)	['pulʲso]

duizeling (de)	mareo (m)	[ma'reo]
heet (erg warm)	caliente (adj)	[ka'ljente]
koude rillingen (mv.)	escalofrío (m)	[eskalʲo'frio]
bleek (bn)	pálido (adj)	['paliðo]

hoest (de)	tos (f)	[tos]
hoesten (ww)	toser (vi)	[to'ser]
niezen (ww)	estornudar (vi)	[estornu'ðar]
flauwte (de)	desmayo (m)	[des'majo]
flauwvallen (ww)	desmayarse (vr)	[desma'jarse]

blauwe plek (de)	moradura (f)	[mora'ðura]
buil (de)	chichón (m)	[ʧi'ʧon]
zich stoten (ww)	golpearse (vr)	[golʲpe'arse]
kneuzing (de)	magulladura (f)	[maguja'ðura]
kneuzen (gekneusd zijn)	magullarse (vr)	[magu'jarse]
hinken (ww)	cojear (vi)	[koχe'ar]
verstuiking (de)	dislocación (f)	[dislʲoka'θjon]
verstuiken (enkel, enz.)	dislocar (vt)	[dislʲo'kar]
breuk (de)	fractura (f)	[frak'tura]
een breuk oplopen	tener una fractura	[te'ner 'una frak'tura]
snijwond (de)	corte (m)	['korte]
zich snijden (ww)	cortarse (vr)	[kor'tarse]
bloeding (de)	hemorragia (f)	[emo'raχia]
brandwond (de)	quemadura (f)	[kema'ðura]
zich branden (ww)	quemarse (vr)	[ke'marse]
prikken (ww)	pincharse (vt)	[pin'ʧarse]
zich prikken (ww)	pincharse (vr)	[pin'ʧarse]
blesseren (ww)	herir (vt)	[e'rir]
blessure (letsel)	herida (f)	[e'riða]
wond (de)	lesión (f)	[le'sjon]
trauma (het)	trauma (m)	['trauma]
ijlen (ww)	delirar (vi)	[deli'rar]
stotteren (ww)	tartamudear (vi)	[tartamuðe'ar]
zonnesteek (de)	insolación (f)	[insolʲa'θjon]

49. Symptomen. Behandelingen. Deel 2

pijn (de)	dolor (m)	[do'lʲor]
splinter (de)	astilla (f)	[as'tija]
zweet (het)	sudor (m)	[su'ðor]
zweten (ww)	sudar (vi)	[su'ðar]
braking (de)	vómito (m)	['bomito]
stuiptrekkingen (mv.)	convulsiones (f pl)	[kombulʲ'sjones]
zwanger (bn)	embarazada (adj)	[embara'θaða]
geboren worden (ww)	nacer (vi)	[na'θer]
geboorte (de)	parto (m)	['parto]
baren (ww)	dar a luz	[dar a lʲuθ]
abortus (de)	aborto (m)	[a'βorto]
ademhaling (de)	respiración (f)	[respira'θjon]
inademing (de)	inspiración (f)	[inspira'θjon]
uitademing (de)	espiración (f)	[espira'θjon]
uitademen (ww)	espirar (vi)	[espi'rar]
inademen (ww)	inspirar (vi)	[inspi'rar]
invalide (de)	inválido (m)	[im'baliðo]
gehandicapte (de)	mutilado (m)	[muti'lʲaðo]

drugsverslaafde (de)	drogadicto (m)	[droɣ·a'ðikto]
doof (bn)	sordo (adj)	['sorðo]
stom (bn)	mudo (adj)	['muðo]
doofstom (bn)	sordomudo (adj)	[sorðo'muðo]
krankzinnig (bn)	loco (adj)	['lʲoko]
krankzinnige (man)	loco (m)	['lʲoko]
krankzinnige (vrouw)	loca (f)	['lʲoka]
krankzinnig worden	volverse loco	[bolʲ'βerse 'lʲoko]
gen (het)	gen (m)	[χen]
immuniteit (de)	inmunidad (f)	[inmuni'ðað]
erfelijk (bn)	hereditario (adj)	[ereði'tario]
aangeboren (bn)	de nacimiento (adj)	[de naθi'mjento]
virus (het)	virus (m)	['birus]
microbe (de)	microbio (m)	[mi'kroβio]
bacterie (de)	bacteria (f)	[bak'teria]
infectie (de)	infección (f)	[iɲfek'θjon]

50. Symptomen. Behandelingen. Deel 3

ziekenhuis (het)	hospital (m)	[ospi'talʲ]
patiënt (de)	paciente (m)	[pa'θjente]
diagnose (de)	diagnosis (f)	[dia'ɣnosis]
genezing (de)	cura (f)	['kura]
medische behandeling (de)	tratamiento (m)	[trata'mjento]
onder behandeling zijn	curarse (vr)	[ku'rarse]
behandelen (ww)	tratar (vt)	[tra'tar]
zorgen (zieken ~)	cuidar (vt)	[kui'ðar]
ziekenzorg (de)	cuidados (m pl)	[kui'ðaðos]
operatie (de)	operación (f)	[opera'θjon]
verbinden (een arm ~)	vendar (vt)	[ben'dar]
verband (het)	vendaje (m)	[ben'daχe]
vaccin (het)	vacunación (f)	[bakuna'θjon]
inenten (vaccineren)	vacunar (vt)	[baku'nar]
injectie (de)	inyección (f)	[injek'θjon]
een injectie geven	aplicar una inyección	[apli'kar 'una injek'θjon]
aanval (de)	ataque (m)	[a'take]
amputatie (de)	amputación (f)	[amputa'θjon]
amputeren (ww)	amputar (vt)	[ampu'tar]
coma (het)	coma (m)	['koma]
in coma liggen	estar en coma	[es'tar en 'koma]
intensieve zorg, ICU (de)	revitalización (f)	[reβitaliθa'θjon]
zich herstellen (ww)	recuperarse (vr)	[rekupe'rarse]
toestand (de)	estado (m)	[es'taðo]
bewustzijn (het)	consciencia (f)	[kon'θjenθia]
geheugen (het)	memoria (f)	[me'moria]
trekken (een kies ~)	extraer (vt)	[ekstra'er]

vulling (de)	empaste (m)	[em'paste]
vullen (ww)	empastar (vt)	[empas'tar]
hypnose (de)	hipnosis (f)	[ip'nosis]
hypnotiseren (ww)	hipnotizar (vt)	[ipnoti'θar]

51. Artsen

dokter, arts (de)	médico (m)	['meðiko]
ziekenzuster (de)	enfermera (f)	[eɱfer'mera]
lijfarts (de)	médico (m) personal	['meðiko perso'nalʲ]
tandarts (de)	dentista (m)	[den'tista]
oogarts (de)	oftalmólogo (m)	[oftalʲ'molʲogo]
therapeut (de)	internista (m)	[inter'nista]
chirurg (de)	cirujano (m)	[θiru'χano]
psychiater (de)	psiquiatra (m)	[si'kjatra]
pediater (de)	pediatra (m)	[pe'ðjatra]
psycholoog (de)	psicólogo (m)	[si'kolʲogo]
gynaecoloog (de)	ginecólogo (m)	[χine'kolʲogo]
cardioloog (de)	cardiólogo (m)	[karði'olʲogo]

52. Geneeskunde. Medicijnen. Accessoires

geneesmiddel (het)	medicamento (m), droga (f)	[meðika'mento], ['droga]
middel (het)	remedio (m)	[re'meðio]
voorschrijven (ww)	prescribir	[preskri'βir]
recept (het)	receta (f)	[re'θeta]
tablet (de/het)	tableta (f)	[ta'βleta]
zalf (de)	ungüento (m)	[ungu'ento]
ampul (de)	ampolla (f)	[am'poja]
drank (de)	mixtura (f), mezcla (f)	[miks'tura], ['meθklʲa]
siroop (de)	sirope (m)	[si'rope]
pil (de)	píldora (f)	['pilʲdora]
poeder (de/het)	polvo (m)	['polʲβo]
verband (het)	venda (f)	['benda]
watten (mv.)	algodón (m)	[alʲgo'ðon]
jodium (het)	yodo (m)	['joðo]
pleister (de)	tirita (f), curita (f)	[ti'rita], [ku'rita]
pipet (de)	pipeta (f)	[pi'peta]
thermometer (de)	termómetro (m)	[ter'mometro]
spuit (de)	jeringa (f)	[χe'ringa]
rolstoel (de)	silla (f) de ruedas	['sija de ru'eðas]
krukken (mv.)	muletas (f pl)	[mu'letas]
pijnstiller (de)	anestésico (m)	[anes'tesiko]
laxeermiddel (het)	purgante (m)	[pur'gante]

spiritus (de)	alcohol (m)	[alʲkoˈolʲ]
medicinale kruiden (mv.)	hierba (f) medicinal	[ˈjerβa meðiθiˈnalʲ]
kruiden- (abn)	de hierbas (adj)	[de ˈjerβas]

HET MENSELIJKE LEEFGEBIED

Stad

53. Stad. Het leven in de stad

stad (de)	ciudad (f)	[θju'ðað]
hoofdstad (de)	capital (f)	[kapi'talʲ]
dorp (het)	aldea (f)	[alʲ'ðea]
plattegrond (de)	plano (m) de la ciudad	['plʲano de lʲa θju'ðað]
centrum (ov. een stad)	centro (m) de la ciudad	['θentro de lʲa θju'ðað]
voorstad (de)	suburbio (m)	[su'βurβio]
voorstads- (abn)	suburbano (adj)	[suβur'βano]
randgemeente (de)	arrabal (m)	[ara'βalʲ]
omgeving (de)	afueras (f pl)	[afu'eras]
blok (huizenblok)	barrio (m)	['bario]
woonwijk (de)	zona (f) de viviendas	['θona de bi'βjendas]
verkeer (het)	tráfico (m)	['trafiko]
verkeerslicht (het)	semáforo (m)	[se'maforo]
openbaar vervoer (het)	transporte (m) urbano	[trans'porte ur'βano]
kruispunt (het)	cruce (m)	['kruθe]
zebrapad (oversteekplaats)	paso (m) de peatones	['paso de pea'tones]
onderdoorgang (de)	paso (m) subterráneo	['paso suβte'raneo]
oversteken (de straat ~)	cruzar (vt)	[kru'θar]
voetganger (de)	peatón (m)	[pea'ton]
trottoir (het)	acera (f)	[a'θera]
brug (de)	puente (m)	[pu'ente]
dijk (de)	muelle (m)	[mu'eje]
fontein (de)	fuente (f)	[fu'ente]
allee (de)	alameda (f)	[alʲa'meða]
park (het)	parque (m)	['parke]
boulevard (de)	bulevar (m)	[bule'βar]
plein (het)	plaza (f)	['plʲaθa]
laan (de)	avenida (f)	[aβe'niða]
straat (de)	calle (f)	['kaje]
zijstraat (de)	callejón (m)	[kaje'χon]
doodlopende straat (de)	callejón (m) sin salida	[kaje'χon sin sa'liða]
huis (het)	casa (f)	['kasa]
gebouw (het)	edificio (m)	[eði'fiθio]
wolkenkrabber (de)	rascacielos (m)	[raska'θjelʲos]
gevel (de)	fachada (f)	[fa'tʃaða]
dak (het)	techo (m)	['tetʃo]

venster (het)	ventana (f)	[ben'tana]
boog (de)	arco (m)	['arko]
pilaar (de)	columna (f)	[ko'lʲumna]
hoek (ov. een gebouw)	esquina (f)	[es'kina]
vitrine (de)	escaparate (f)	[eskapa'rate]
gevelreclame (de)	letrero (m)	[le'trero]
affiche (de/het)	cartel (m)	[kar'telʲ]
reclameposter (de)	cartel (m) publicitario	[kar'telʲ puβliθi'tario]
aanplakbord (het)	valla (f) publicitaria	['baja puβliθi'taria]
vuilnis (de/het)	basura (f)	[ba'sura]
vuilnisbak (de)	cajón (m) de basura	[ka'χon de ba'sura]
afval weggooien (ww)	tirar basura	[ti'rar ba'sura]
stortplaats (de)	basurero (m)	[basu'rero]
telefooncel (de)	cabina (f) telefónica	[ka'βina tele'fonika]
straatlicht (het)	farola (f)	[fa'rolʲa]
bank (de)	banco (m)	['baŋko]
politieagent (de)	policía (m)	[poli'θia]
politie (de)	policía (f)	[poli'θia]
zwerver (de)	mendigo (m)	[men'digo]
dakloze (de)	persona (f) sin hogar	[per'sona sin o'gar]

54. Stedelijke instellingen

winkel (de)	tienda (f)	['tjenda]
apotheek (de)	farmacia (f)	[far'maθia]
optiek (de)	óptica (f)	['optika]
winkelcentrum (het)	centro (m) comercial	['θentro komer'θjalʲ]
supermarkt (de)	supermercado (m)	[supermer'kaðo]
bakkerij (de)	panadería (f)	[panaðe'ria]
bakker (de)	panadero (m)	[pana'ðero]
banketbakkerij (de)	pastelería (f)	[pastele'ria]
kruidenier (de)	tienda (f) de comestibles	['tjenda de komes'tiβles]
slagerij (de)	carnicería (f)	[karniθe'ria]
groentewinkel (de)	verdulería (f)	[berðule'ria]
markt (de)	mercado (m)	[mer'kaðo]
koffiehuis (het)	cafetería (f)	[kafete'ria]
restaurant (het)	restaurante (m)	[restau'rante]
bar (de)	cervecería (f)	[θerβeθe'ria]
pizzeria (de)	pizzería (f)	[pitse'ria]
kapperssalon (de/het)	peluquería (f)	[pelʲuke'ria]
postkantoor (het)	oficina (f) de correos	[ofi'θina de ko'reos]
stomerij (de)	tintorería (f)	[tintore'ria]
fotostudio (de)	estudio (m) fotográfico	[es'tuðjo foto'ɣrafiko]
schoenwinkel (de)	zapatería (f)	[θapate'ria]
boekhandel (de)	librería (f)	[liβre'ria]

sportwinkel (de)	tienda (f) deportiva	['tjenda depor'tiβa]
kledingreparatie (de)	arreglos (m pl) de ropa	[a'reɣlʲos de 'ropa]
kledingverhuur (de)	alquiler (m) de ropa	[alʲki'ler de 'ropa]
videotheek (de)	videoclub (m)	[biðeo·'klʲuβ]

circus (de/het)	circo (m)	['θirko]
dierentuin (de)	zoológico (m)	[θoo'lʲoxiko]
bioscoop (de)	cine (m)	['θine]
museum (het)	museo (m)	[mu'seo]
bibliotheek (de)	biblioteca (f)	[biβlio'teka]

theater (het)	teatro (m)	[te'atro]
opera (de)	ópera (f)	['opera]
nachtclub (de)	club (m) nocturno	[klʲuβ nok'turno]
casino (het)	casino (m)	[ka'sino]

moskee (de)	mezquita (f)	[meθ'kita]
synagoge (de)	sinagoga (f)	[sina'goga]
kathedraal (de)	catedral (f)	[kate'ðralʲ]
tempel (de)	templo (m)	['templʲo]
kerk (de)	iglesia (f)	[i'ɣlesia]

instituut (het)	instituto (m)	[insti'tuto]
universiteit (de)	universidad (f)	[uniβersi'ðað]
school (de)	escuela (f)	[esku'elʲa]

gemeentehuis (het)	prefectura (f)	[prefek'tura]
stadhuis (het)	alcaldía (f)	[alʲkalʲ'ðia]
hotel (het)	hotel (m)	[o'telʲ]
bank (de)	banco (m)	['baŋko]

ambassade (de)	embajada (f)	[emba'xaða]
reisbureau (het)	agencia (f) de viajes	[a'xenθja de 'bjaxes]
informatieloket (het)	oficina (f) de información	[ofi'θina de imforma'θjon]
wisselkantoor (het)	oficina (f) de cambio	[ofi'θina de 'kambio]

metro (de)	metro (m)	['metro]
ziekenhuis (het)	hospital (m)	[ospi'talʲ]

benzinestation (het)	gasolinera (f)	[gasoli'nera]
parking (de)	aparcamiento (m)	[aparka'mjento]

55. Borden

gevelreclame (de)	letrero (m)	[le'trero]
opschrift (het)	cartel (m)	[kar'telʲ]
poster (de)	pancarta (f)	[paŋ'karta]
wegwijzer (de)	señal (m) de dirección	[se'njalʲ de direk'θjon]
pijl (de)	flecha (f)	['fletʃa]

waarschuwing (verwittiging)	advertencia (f)	[aðβer'tenθia]
waarschuwingsbord (het)	aviso (m)	[a'βiso]
waarschuwen (ww)	advertir (vt)	[aðβer'tir]
vrije dag (de)	día (m) de descanso	['dia de des'kanso]

dienstregeling (de)	horario (m)	[o'rario]
openingsuren (mv.)	horario (m) de apertura	[o'rarjo de aper'tura]
WELKOM!	¡BIENVENIDOS!	[bjembe'niðos]
INGANG	ENTRADA	[en'traða]
UITGANG	SALIDA	[sa'liða]
DUWEN	EMPUJAR	[empu'χar]
TREKKEN	TIRAR	[ti'rar]
OPEN	ABIERTO	[a'βjerto]
GESLOTEN	CERRADO	[θe'raðo]
DAMES	MUJERES	[mu'χeres]
HEREN	HOMBRES	['ombres]
KORTING	REBAJAS	[re'βaχas]
UITVERKOOP	SALDOS	['salʲdos]
NIEUW!	NOVEDAD	[noβe'ðað]
GRATIS	GRATIS	['gratis]
PAS OP!	¡ATENCIÓN!	[aten'θjon]
VOLGEBOEKT	COMPLETO	[kom'pleto]
GERESERVEERD	RESERVADO	[reser'βaðo]
ADMINISTRATIE	ADMINISTRACIÓN	[aðministra'θjon]
ALLEEN VOOR PERSONEEL	SÓLO PERSONAL AUTORIZADO	['sol?o perso'nal? autori'?a?o]
GEVAARLIJKE HOND	CUIDADO CON EL PERRO	[kui'ðaðo kon elʲ 'pero]
VERBODEN TE ROKEN!	PROHIBIDO FUMAR	[proi'βiðo fu'mar]
NIET AANRAKEN!	NO TOCAR	[no to'kar]
GEVAARLIJK	PELIGROSO	[peli'ɣroso]
GEVAAR	PELIGRO	[pe'liɣro]
HOOGSPANNING	ALTA TENSIÓN	['alʲta ten'sjon]
VERBODEN TE ZWEMMEN	PROHIBIDO BAÑARSE	[proi'βiðo ba'njarse]
BUITEN GEBRUIK	NO FUNCIONA	[no fun'θjona]
ONTVLAMBAAR	INFLAMABLE	[iɱflʲa'maβle]
VERBODEN	PROHIBIDO	[proi'βiðo]
DOORGANG VERBODEN	PROHIBIDO EL PASO	[proi'βiðo elʲ 'paso]
OPGELET PAS GEVERFD	RECIÉN PINTADO	[re'θjen pin'taðo]

56. Stedelijk vervoer

bus, autobus (de)	autobús (m)	[auto'βus]
tram (de)	tranvía (m)	[tram'bia]
trolleybus (de)	trolebús (m)	[trole'βus]
route (de)	itinerario (m)	[itine'rario]
nummer (busnummer, enz.)	número (m)	['numero]
rijden met ...	ir en ...	[ir en]
stappen (in de bus ~)	tomar (vt)	[to'mar]
afstappen (ww)	bajar del ...	[ba'χar delʲ]

halte (de)	parada (f)	[pa'raða]
volgende halte (de)	próxima parada (f)	['proksima pa'raða]
eindpunt (het)	parada (f) final	[pa'raða fi'nalʲ]
dienstregeling (de)	horario (m)	[o'rario]
wachten (ww)	esperar (vt)	[espe'rar]
kaartje (het)	billete (m)	[bi'jete]
reiskosten (de)	precio (m) del billete	['preθjo delʲ bi'jete]
kassier (de)	cajero (m)	[ka'xero]
kaartcontrole (de)	control (m) de billetes	[kon'trolʲ de bi'jetes]
controleur (de)	revisor (m)	[rebi'sor]
te laat zijn (ww)	llegar tarde (vi)	[je'gar 'tarðe]
missen (de bus ~)	perder (vt)	[per'ðer]
zich haasten (ww)	tener prisa	[te'ner 'prisa]
taxi (de)	taxi (m)	['taksi]
taxichauffeur (de)	taxista (m)	[ta'ksista]
met de taxi (bw)	en taxi	[en 'taksi]
taxistandplaats (de)	parada (f) de taxi	[pa'raða de 'taksi]
een taxi bestellen	llamar un taxi	[ja'mar un 'taksi]
een taxi nemen	tomar un taxi	[to'mar un 'taksi]
verkeer (het)	tráfico (m)	['trafiko]
file (de)	atasco (m)	[a'tasko]
spitsuur (het)	horas (f pl) de punta	['oras de 'punta]
parkeren (on.ww.)	aparcar (vi)	[apar'kar]
parkeren (ov.ww.)	aparcar (vt)	[apar'kar]
parking (de)	aparcamiento (m)	[aparka'mjento]
metro (de)	metro (m)	['metro]
halte (bijv. kleine treinhalte)	estación (f)	[esta'θjon]
de metro nemen	ir en el metro	[ir en elʲ 'metro]
trein (de)	tren (m)	['tren]
station (treinstation)	estación (f)	[esta'θjon]

57. Bezienswaardigheden

monument (het)	monumento (m)	[monu'mento]
vesting (de)	fortaleza (f)	[forta'leθa]
paleis (het)	palacio (m)	[pa'lʲaθio]
kasteel (het)	castillo (m)	[kas'tijo]
toren (de)	torre (f)	['tore]
mausoleum (het)	mausoleo (m)	[mauso'leo]
architectuur (de)	arquitectura (f)	[arkitek'tura]
middeleeuws (bn)	medieval (adj)	[meðje'βalʲ]
oud (bn)	antiguo (adj)	[an'tiguo]
nationaal (bn)	nacional (adj)	[naθjo'nalʲ]
bekend (bn)	conocido (adj)	[kono'θiðo]
toerist (de)	turista (m)	[tu'rista]
gids (de)	guía (m)	['gia]

Nederlands	Spaans	Uitspraak
rondleiding (de)	excursión (f)	[eskur'θjon]
tonen (ww)	mostrar (vt)	[mos'trar]
vertellen (ww)	contar (vt)	[kon'tar]
vinden (ww)	encontrar (vt)	[eŋkon'trar]
verdwalen (de weg kwijt zijn)	perderse (vr)	[per'ðerse]
plattegrond (~ van de metro)	plano (m), mapa (m)	['plʲano], ['mapa]
plattegrond (~ van de stad)	mapa (m)	['mapa]
souvenir (het)	recuerdo (m)	[reku'erðo]
souvenirwinkel (de)	tienda (f) de regalos	['tjenda de re'galʲos]
foto's maken	hacer fotos	[a'θer 'fotos]
zich laten fotograferen	fotografiarse (vr)	[fotoɣra'fjarse]

58. Winkelen

Nederlands	Spaans	Uitspraak
kopen (ww)	comprar (vt)	[kom'prar]
aankoop (de)	compra (f)	['kompra]
winkelen (ww)	hacer compras	[a'θer 'kompras]
winkelen (het)	compras (f pl)	['kompras]
open zijn (ov. een winkel, enz.)	estar abierto	[es'tar a'βjerto]
gesloten zijn (ww)	estar cerrado	[es'tar θe'raðo]
schoeisel (het)	calzado (m)	[kalʲ'θaðo]
kleren (mv.)	ropa (f)	['ropa]
cosmetica (mv.)	cosméticos (m pl)	[kos'metikos]
voedingswaren (mv.)	productos alimenticios	[pro'ðuktos alimen'tiθjos]
geschenk (het)	regalo (m)	[re'galʲo]
verkoper (de)	vendedor (m)	[bende'ðor]
verkoopster (de)	vendedora (f)	[bende'ðora]
kassa (de)	caja (f)	['kaxa]
spiegel (de)	espejo (m)	[es'pexo]
toonbank (de)	mostrador (m)	[mostra'ðor]
paskamer (de)	probador (m)	[proβa'ðor]
aanpassen (ww)	probar (vt)	[pro'βar]
passen (ov. kleren)	quedar (vi)	[ke'ðar]
bevallen (prettig vinden)	gustar (vi)	[gus'tar]
prijs (de)	precio (m)	['preθio]
prijskaartje (het)	etiqueta (f) de precio	[eti'keta de 'preθio]
kosten (ww)	costar (vt)	[kos'tar]
Hoeveel?	¿Cuánto?	[ku'anto]
korting (de)	descuento (m)	[desku'ento]
niet duur (bn)	no costoso (adj)	[no kos'toso]
goedkoop (bn)	barato (adj)	[ba'rato]
duur (bn)	caro (adj)	['karo]
Dat is duur.	Es caro	[es 'karo]
verhuur (de)	alquiler (m)	[alʲki'ler]

huren (smoking, enz.)	alquilar (vt)	[alʲki'lʲar]
krediet (het)	crédito (m)	['kreðito]
op krediet (bw)	a crédito (adv)	[a 'kreðito]

59. Geld

geld (het)	dinero (m)	[di'nero]
ruil (de)	cambio (m)	['kambio]
koers (de)	curso (m)	['kurso]
geldautomaat (de)	cajero (m) automático	[ka'χero auto'matiko]
muntstuk (de)	moneda (f)	[mo'neða]

| dollar (de) | dólar (m) | ['dolʲar] |
| euro (de) | euro (m) | ['euro] |

lire (de)	lira (f)	['lira]
Duitse mark (de)	marco (m) alemán	['marko ale'man]
frank (de)	franco (m)	['fraŋko]
pond sterling (het)	libra esterlina (f)	['liβra ester'lina]
yen (de)	yen (m)	[jen]

schuld (geldbedrag)	deuda (f)	['deuða]
schuldenaar (de)	deudor (m)	[deu'ðor]
uitlenen (ww)	prestar (vt)	[pres'tar]
lenen (geld ~)	tomar prestado	[to'mar pres'taðo]

bank (de)	banco (m)	['baŋko]
bankrekening (de)	cuenta (f)	[ku'enta]
storten (ww)	ingresar (vt)	[ingre'sar]
op rekening storten	ingresar en la cuenta	[ingre'sar en lʲa ku'enta]
opnemen (ww)	sacar de la cuenta	[sa'kar de lʲa ku'enta]

kredietkaart (de)	tarjeta (f) de crédito	[tar'χeta de 'kreðito]
baar geld (het)	dinero (m) en efectivo	[di'nero en efek'tiβo]
cheque (de)	cheque (m)	['ʧeke]
een cheque uitschrijven	sacar un cheque	[sa'kar un 'ʧeke]
chequeboekje (het)	talonario (m)	[talʲo'nario]

portefeuille (de)	cartera (f)	[kar'tera]
geldbeugel (de)	monedero (m)	[mone'ðero]
safe (de)	caja (f) fuerte	['kaχa fu'erte]

erfgenaam (de)	heredero (m)	[ere'ðero]
erfenis (de)	herencia (f)	[e'renθia]
fortuin (het)	fortuna (f)	[for'tuna]

huur (de)	arriendo (m)	[a'rjendo]
huurprijs (de)	alquiler (m)	[alʲki'ler]
huren (huis, kamer)	alquilar (vt)	[alʲki'lʲar]

prijs (de)	precio (m)	['preθio]
kostprijs (de)	coste (m)	['koste]
som (de)	suma (f)	['suma]
uitgeven (geld besteden)	gastar (vt)	[gas'tar]

kosten (mv.)	gastos (m pl)	['gastos]
bezuinigen (ww)	economizar (vi, vt)	[ekonomi'θar]
zuinig (bn)	económico (adj)	[eko'nomiko]
betalen (ww)	pagar (vi, vt)	[pa'gar]
betaling (de)	pago (m)	['pago]
wisselgeld (het)	cambio (m)	['kambio]
belasting (de)	impuesto (m)	[impu'esto]
boete (de)	multa (f)	['mulʲta]
beboeten (bekeuren)	multar (vt)	[mulʲ'tar]

60. Post. Postkantoor

postkantoor (het)	oficina (f) de correos	[ofi'θina de ko'reos]
post (de)	correo (m)	[ko'reo]
postbode (de)	cartero (m)	[kar'tero]
openingsuren (mv.)	horario (m) de apertura	[o'rarjo de aper'tura]
brief (de)	carta (f)	['karta]
aangetekende brief (de)	carta (f) certificada	['karta θertifi'kaða]
briefkaart (de)	tarjeta (f) postal	[tar'χeta pos'talʲ]
telegram (het)	telegrama (m)	[tele'ɣrama]
postpakket (het)	paquete (m) postal	[pa'kete pos'talʲ]
overschrijving (de)	giro (m) postal	['χiro pos'talʲ]
ontvangen (ww)	recibir (vt)	[reθi'βir]
sturen (zenden)	enviar (vt)	[em'bjar]
verzending (de)	envío (m)	[em'bio]
adres (het)	dirección (f)	[direk'θjon]
postcode (de)	código (m) postal	['koðigo pos'talʲ]
verzender (de)	expedidor (m)	[ekspeði'ðor]
ontvanger (de)	destinatario (m)	[destina'tario]
naam (de)	nombre (m)	['nombre]
achternaam (de)	apellido (m)	[ape'jiðo]
tarief (het)	tarifa (f)	[ta'rifa]
standaard (bn)	ordinario (adj)	[orði'nario]
zuinig (bn)	económico (adj)	[eko'nomiko]
gewicht (het)	peso (m)	['peso]
afwegen (op de weegschaal)	pesar (vt)	[pe'sar]
envelop (de)	sobre (m)	['soβre]
postzegel (de)	sello (m)	['sejo]
een postzegel plakken op	poner un sello	[po'ner un 'sejo]

Woning. Huis. Thuis

61. Huis. Elektriciteit

elektriciteit (de)	electricidad (f)	[elektriθi'ðað]
lamp (de)	bombilla (f)	[bom'bija]
schakelaar (de)	interruptor (m)	[interup'tor]
zekering (de)	fusible (m)	[fu'siβle]
draad (de)	cable, hilo (m)	['kaβle], ['ilʲo]
bedrading (de)	instalación (f) eléctrica	[instalʲa'θjon e'lektrika]
elektriciteitsmeter (de)	contador (m) de luz	[konta'ðor de lʲuθ]
gegevens (mv.)	lectura (f)	[lek'tura]

62. Villa. Herenhuis

landhuisje (het)	casa (f) de campo	['kasa de 'kampo]
villa (de)	villa (f)	['bija]
vleugel (de)	ala (f)	['alʲa]
tuin (de)	jardín (m)	[χar'ðin]
park (het)	parque (m)	['parke]
oranjerie (de)	invernadero (m)	[imberna'ðero]
onderhouden (tuin, enz.)	cuidar (vt)	[kui'ðar]
zwembad (het)	piscina (f)	[pi'θina]
gym (het)	gimnasio (m)	[χim'nasio]
tennisveld (het)	cancha (f) de tenis	['kantʃa de 'tenis]
bioscoopkamer (de)	sala (f) de cine	['salʲa de 'θine]
garage (de)	garaje (m)	[ga'raχe]
privé-eigendom (het)	propiedad (f) privada	[propje'ðað pri'βaða]
eigen terrein (het)	terreno (m) privado	[te'reno pri'βaðo]
waarschuwing (de)	advertencia (f)	[aðβer'tenθia]
waarschuwingsbord (het)	letrero (m) de aviso	[le'trero de a'βiθo]
bewaking (de)	seguridad (f)	[seguri'ðað]
bewaker (de)	guardia (m) de seguridad	[gu'arðja de seguri'ðað]
inbraakalarm (het)	alarma (f) antirrobo	[a'lʲarma anti'roβo]

63. Appartement

appartement (het)	apartamento (m)	[aparta'mento]
kamer (de)	habitación (f)	[aβita'θjon]
slaapkamer (de)	dormitorio (m)	[dormi'torio]

eetkamer (de)	comedor (m)	[kome'ðor]
salon (de)	salón (m)	[sa'lʲon]
studeerkamer (de)	despacho (m)	[des'patʃo]
gang (de)	antecámara (f)	[ante'kamara]
badkamer (de)	cuarto (m) de baño	[ku'arto de 'banjo]
toilet (het)	servicio (m)	[ser'βiθio]
plafond (het)	techo (m)	['tetʃo]
vloer (de)	suelo (m)	[su'elʲo]
hoek (de)	rincón (m)	[rin'kon]

64. Meubels. Interieur

meubels (mv.)	muebles (m pl)	[mu'eβles]
tafel (de)	mesa (f)	['mesa]
stoel (de)	silla (f)	['sija]
bed (het)	cama (f)	['kama]
bankstel (het)	sofá (m)	[so'fa]
fauteuil (de)	sillón (m)	[si'jon]
boekenkast (de)	librería (f)	[liβre'ria]
boekenrek (het)	estante (m)	[es'tante]
kledingkast (de)	armario (m)	[ar'mario]
kapstok (de)	percha (f)	['pertʃa]
staande kapstok (de)	perchero (m) de pie	[per'tʃero de pje]
commode (de)	cómoda (f)	['komoða]
salontafeltje (het)	mesa (f) de café	['mesa de ka'fe]
spiegel (de)	espejo (m)	[es'peχo]
tapijt (het)	tapiz (m)	[ta'piθ]
tapijtje (het)	alfombra (f)	[alʲ'fombra]
haard (de)	chimenea (f)	[tʃime'nea]
kaars (de)	vela (f)	['belʲa]
kandelaar (de)	candelero (m)	[kande'lero]
gordijnen (mv.)	cortinas (f pl)	[kor'tinas]
behang (het)	empapelado (m)	[empape'lʲaðo]
jaloezie (de)	estor (m) de láminas	[es'tor de 'lʲaminas]
bureaulamp (de)	lámpara (f) de mesa	['lʲampara de 'mesa]
wandlamp (de)	aplique (m)	[ap'like]
staande lamp (de)	lámpara (f) de pie	['lʲampara de pje]
luchter (de)	lámpara (f) de araña	['lʲampara de a'ranja]
poot (ov. een tafel, enz.)	pata (f)	['pata]
armleuning (de)	brazo (m)	['braθo]
rugleuning (de)	espaldar (m)	[espalʲ'ðar]
la (de)	cajón (m)	[ka'χon]

65. Beddengoed

beddengoed (het)	ropa (f) de cama	['ropa de 'kama]
kussen (het)	almohada (f)	[alʲmo'aða]
kussenovertrek (de)	funda (f)	['funda]
deken (de)	manta (f)	['manta]
laken (het)	sábana (f)	['saβana]
sprei (de)	sobrecama (f)	[soβre'kama]

66. Keuken

keuken (de)	cocina (f)	[ko'θina]
gas (het)	gas (m)	[gas]
gasfornuis (het)	cocina (f) de gas	[ko'θina de 'gas]
elektrisch fornuis (het)	cocina (f) eléctrica	[ko'θina e'lektrika]
oven (de)	horno (m)	['orno]
magnetronoven (de)	horno (m) microondas	['orno mikro·'ondas]

koelkast (de)	frigorífico (m)	[frigo'rifiko]
diepvriezer (de)	congelador (m)	[konχelʲa'ðor]
vaatwasmachine (de)	lavavajillas (m)	['lʲaβa·βa'χijas]

vleesmolen (de)	picadora (f) de carne	[pika'ðora de 'karne]
vruchtenpers (de)	exprimidor (m)	[eksprimi'ðor]
toaster (de)	tostador (m)	[tosta'ðor]
mixer (de)	batidora (f)	[bati'ðora]

koffiemachine (de)	cafetera (f)	[kafe'tera]
koffiepot (de)	cafetera (f)	[kafe'tera]
koffiemolen (de)	molinillo (m) de café	[moli'nijo de ka'fe]

fluitketel (de)	hervidor (m) de agua	[erβi'ðor de 'agua]
theepot (de)	tetera (f)	[te'tera]
deksel (de/het)	tapa (f)	['tapa]
theezeefje (het)	colador (m) de té	[kolʲa'ðor de te]

lepel (de)	cuchara (f)	[ku'tʃara]
theelepeltje (het)	cucharilla (f)	[kutʃa'rija]
eetlepel (de)	cuchara (f) de sopa	[ku'tʃara de 'sopa]
vork (de)	tenedor (m)	[tene'ðor]
mes (het)	cuchillo (m)	[ku'tʃijo]

vaatwerk (het)	vajilla (f)	[ba'χija]
bord (het)	plato (m)	['plʲato]
schoteltje (het)	platillo (m)	[plʲa'tijo]

likeurglas (het)	vaso (m) de chupito	['baso de tʃu'pito]
glas (het)	vaso (m)	['baso]
kopje (het)	taza (f)	['taθa]

suikerpot (de)	azucarera (f)	[aθuka'rera]
zoutvat (het)	salero (m)	[sa'lero]
pepervat (het)	pimentero (m)	[pimen'tero]

boterschaaltje (het)	mantequera (f)	[mante'kera]
pan (de)	cacerola (f)	[kaθe'roIʲa]
bakpan (de)	sartén (f)	[sar'ten]
pollepel (de)	cucharón (m)	[kutʃa'ron]
vergiet (de/het)	colador (m)	[koIʲa'ðor]
dienblad (het)	bandeja (f)	[ban'deχa]
fles (de)	botella (f)	[bo'teja]
glazen pot (de)	tarro (m) de vidrio	['taro de 'biðrio]
blik (conserven~)	lata (f)	['Iʲata]
flesopener (de)	abrebotellas (m)	[aβre-βo'tejas]
blikopener (de)	abrelatas (m)	[aβre-'Iʲatas]
kurkentrekker (de)	sacacorchos (m)	[saka'kortʃos]
filter (de/het)	filtro (m)	['fiIʲtro]
filteren (ww)	filtrar (vt)	[fiIʲ'trar]
huisvuil (het)	basura (f)	[ba'sura]
vuilnisemmer (de)	cubo (m) de basura	['kuβo de ba'sura]

67. Badkamer

badkamer (de)	cuarto (m) de baño	[ku'arto de 'banjo]
water (het)	agua (f)	['agua]
kraan (de)	grifo (m)	['grifo]
warm water (het)	agua (f) caliente	['agua ka'Ijente]
koud water (het)	agua (f) fría	['agua 'fria]
tandpasta (de)	pasta (f) de dientes	['pasta de 'djentes]
tanden poetsen (ww)	limpiarse los dientes	[lim'pjarse los 'djentes]
tandenborstel (de)	cepillo (m) de dientes	[θe'pijo de 'djentes]
zich scheren (ww)	afeitarse (vr)	[afej'tarse]
scheercrème (de)	espuma (f) de afeitar	[es'puma de afej'tar]
scheermes (het)	maquinilla (f) de afeitar	[maki'nija de afej'tar]
wassen (ww)	lavar (vt)	[Iʲa'βar]
een bad nemen	darse un baño	['darse un 'banjo]
douche (de)	ducha (f)	['dutʃa]
een douche nemen	darse una ducha	['darse 'una 'dutʃa]
bad (het)	bañera (f)	[ba'njera]
toiletpot (de)	inodoro (m)	[ino'ðoro]
wastafel (de)	lavabo (m)	[Iʲa'βaβo]
zeep (de)	jabón (m)	[χa'βon]
zeepbakje (het)	jabonera (f)	[χaβo'nera]
spons (de)	esponja (f)	[es'ponχa]
shampoo (de)	champú (m)	[tʃam'pu]
handdoek (de)	toalla (f)	[to'aja]
badjas (de)	bata (f) de baño	['bata de 'banjo]
was (bijv. handwas)	colada (f), lavado (m)	[ko'Iʲaða], [Iʲa'βaðo]
wasmachine (de)	lavadora (f)	[Iʲaβa'ðora]

| de was doen | lavar la ropa | [lʲa'βar lʲa 'ropa] |
| waspoeder (de) | detergente (m) en polvo | [deter'xente en 'polʲβo] |

68. Huishoudelijke apparaten

televisie (de)	televisor (m)	[teleβi'sor]
cassettespeler (de)	magnetófono (m)	[maɣne'tofono]
videorecorder (de)	vídeo (m)	['biðeo]
radio (de)	radio (m)	['raðio]
speler (de)	reproductor (m)	[reproðuk'tor]

videoprojector (de)	proyector (m) de vídeo	[projek'tor de 'biðeo]
home theater systeem (het)	sistema (m) home cinema	[sis'tema 'xoum 'θinema]
DVD-speler (de)	reproductor (m) de DVD	reproðuk'tor de deβe'de]
versterker (de)	amplificador (m)	[amplifika'ðor]
spelconsole (de)	videoconsola (f)	[biðeo·kon'solʲa]

videocamera (de)	cámara (f) de vídeo	['kamara de 'biðeo]
fotocamera (de)	cámara (f) fotográfica	['kamara foto'ɣrafika]
digitale camera (de)	cámara (f) digital	['kamara dixi'talʲ]

stofzuiger (de)	aspirador (m), aspiradora (f)	[aspira'ðor], [aspira'ðora]
strijkijzer (het)	plancha (f)	['plʲantʃa]
strijkplank (de)	tabla (f) de planchar	['taβlʲa de plʲan'tʃar]

telefoon (de)	teléfono (m)	[te'lefono]
mobieltje (het)	teléfono (m) móvil	[te'lefono 'moβilʲ]
schrijfmachine (de)	máquina (f) de escribir	['makina de eskri'βir]
naaimachine (de)	máquina (f) de coser	['makina de ko'ser]

microfoon (de)	micrófono (m)	[mi'krofono]
koptelefoon (de)	auriculares (m pl)	[auriku'lʲares]
afstandsbediening (de)	mando (m) a distancia	['mando a dis'tanθia]

CD (de)	disco compacto (m)	['disko kom'pakto]
cassette (de)	casete (m)	[ka'sete]
vinylplaat (de)	disco (m) de vinilo	['disko de bi'nilʲo]

MENSELIJKE ACTIVITEITEN

Baan. Business. Deel 1

69. Kantoor. Op kantoor werken

kantoor (het)	oficina (f)	[ofi'θina]
kamer (de)	despacho (m)	[des'patʃo]
receptie (de)	recepción (f)	[resep'θjon]
secretaris (de)	secretario (m)	[sekre'tario]
directeur (de)	director (m)	[direk'tor]
manager (de)	manager (m)	['meneχer]
boekhouder (de)	contable (m)	[kon'taβle]
werknemer (de)	colaborador (m)	[kolʲaβora'ðor]
meubilair (het)	muebles (m pl)	[mu'eβles]
tafel (de)	escritorio (m)	[eskri'torio]
bureaustoel (de)	silla (f)	['sija]
ladeblok (het)	cajonera (f)	[kaχo'nera]
kapstok (de)	perchero (m) de pie	[per'tʃero de pje]
computer (de)	ordenador (m)	[orðena'ðor]
printer (de)	impresora (f)	[impre'sora]
fax (de)	fax (m)	['faks]
kopieerapparaat (het)	fotocopiadora (f)	[foto·kopia'ðora]
papier (het)	papel (m)	[pa'pelʲ]
kantoorartikelen (mv.)	papelería (f)	[papele'ria]
muismat (de)	alfombrilla (f) para ratón	[alʲfom'brija 'para ra'ton]
blad (het)	hoja (f)	['oχa]
ordner (de)	carpeta (f)	[kar'peta]
catalogus (de)	catálogo (m)	[ka'talʲogo]
telefoongids (de)	directorio (m) telefónico	[direk'torio tele'foniko]
documentatie (de)	documentación (f)	[dokumenta'θjon]
brochure (de)	folleto (m)	[fo'jeto]
flyer (de)	prospecto (m)	[pros'pekto]
monster (het), staal (de)	muestra (f)	[mu'estra]
training (de)	reunión (f) de formación	[reu'njon de forma'θjon]
vergadering (de)	reunión (f)	[reu'njon]
lunchpauze (de)	pausa (f) del almuerzo	['pausa del almu'erθo]
een kopie maken	hacer una copia	[a'θer 'una 'kopia]
de kopieën maken	hacer copias	[a'θer 'kopias]
een fax ontvangen	recibir un fax	[reθi'βir un 'faks]
een fax versturen	enviar un fax	[em'bjar un 'faks]
opbellen (ww)	llamar por teléfono	[ja'mar por te'lefono]

antwoorden (ww)	responder (vi, vt)	[respon'der]
doorverbinden (ww)	poner en comunicación	[po'ner en komunika'θjon]
afspreken (ww)	fijar (vt)	[fi'χar]
demonstreren (ww)	demostrar (vt)	[demos'trar]
absent zijn (ww)	estar ausente	[es'tar au'sente]
afwezigheid (de)	ausencia (f)	[au'senθia]

70. Bedrijfsprocessen. Deel 1

bedrijf (business)	negocio (m), comercio (m)	[ne'goθio], [ko'merθio]
zaak (de), beroep (het)	ocupación (f)	[okupa'θjon]
firma (de)	firma (f)	['firma]
bedrijf (maatschap)	compañía (f)	[kompa'njia]
corporatie (de)	corporación (f)	[korpora'θjon]
onderneming (de)	empresa (f)	[em'presa]
agentschap (het)	agencia (f)	[a'χenθia]
overeenkomst (de)	acuerdo (m)	[aku'erðo]
contract (het)	contrato (m)	[kon'trato]
transactie (de)	trato (m), acuerdo (m)	['trato], [aku'erðo]
bestelling (de)	pedido (m)	[pe'ðiðo]
voorwaarde (de)	condición (f)	[kondi'θjon]
in het groot (bw)	al por mayor (adv)	[alʲ por ma'jor]
groothandels- (abn)	al por mayor (adj)	[alʲ por ma'jor]
groothandel (de)	venta (f) al por mayor	['benta alʲ por ma'jor]
kleinhandels- (abn)	al por menor (adj)	[alʲ por me'nor]
kleinhandel (de)	venta (f) al por menor	['benta alʲ por me'nor]
concurrent (de)	competidor (m)	[kompeti'ðor]
concurrentie (de)	competencia (f)	[kompe'tenθia]
concurreren (ww)	competir (vi)	[kompe'tir]
partner (de)	socio (m)	['soθio]
partnerschap (het)	sociedad (f)	[soθje'ðað]
crisis (de)	crisis (f)	['krisis]
bankroet (het)	bancarrota (f)	[baŋka'rota]
bankroet gaan (ww)	ir a la bancarrota	[ir a lʲa baŋka'rota]
moeilijkheid (de)	dificultad (f)	[difikulʲ'tað]
probleem (het)	problema (m)	[pro'βlema]
catastrofe (de)	catástrofe (f)	[ka'tastrofe]
economie (de)	economía (f)	[ekono'mia]
economisch (bn)	económico (adj)	[eko'nomiko]
economische recessie (de)	recesión (f) económica	[rese'θjon eko'nomika]
doel (het)	meta (f)	['meta]
taak (de)	objetivo (m)	[oβχe'tiβo]
handelen (handel drijven)	comerciar (vi)	[komer'θjar]
netwerk (het)	red (f)	[reð]
voorraad (de)	existencias (f pl)	[eksis'tenθias]

assortiment (het)	surtido (m)	[sur'tiðo]
leider (de)	líder (m)	['liðer]
groot (bn)	grande (adj)	['grande]
monopolie (het)	monopolio (m)	[mono'polio]
theorie (de)	teoría (f)	[teo'ria]
praktijk (de)	práctica (f)	['praktika]
ervaring (de)	experiencia (f)	[ekspe'rjenθia]
tendentie (de)	tendencia (f)	[ten'denθia]
ontwikkeling (de)	desarrollo (m)	[desa'rojo]

71. Bedrijfsprocessen. Deel 2

voordeel (het)	rentabilidad (f)	[rentaβili'ðað]
voordelig (bn)	rentable (adj)	[ren'taβle]
delegatie (de)	delegación (f)	[delega'θjon]
salaris (het)	salario (m)	[sa'lʲario]
corrigeren (fouten ~)	corregir (vt)	[kore'χir]
zakenreis (de)	viaje (m) de negocios	['bjaχe de ne'goθjos]
commissie (de)	comisión (f)	[komi'sjon]
controleren (ww)	controlar (vt)	[kontro'lʲar]
conferentie (de)	conferencia (f)	[koɱfe'renθia]
licentie (de)	licencia (f)	[li'θenθia]
betrouwbaar (partner, enz.)	fiable (adj)	['fjaβle]
aanzet (de)	iniciativa (f)	[iniθja'tiβa]
norm (bijv. ~ stellen)	norma (f)	['norma]
omstandigheid (de)	circunstancia (f)	[θirkuns'tanθia]
taak, plicht (de)	deber (m)	[de'βer]
organisatie (bedrijf, zaak)	empresa (f)	[em'presa]
organisatie (proces)	organización (f)	[organiθa'θjon]
georganiseerd (bn)	organizado (adj)	[organi'θaðo]
afzegging (de)	anulación (f)	[anulʲa'θjon]
afzeggen (ww)	anular (vt)	[anu'lʲar]
verslag (het)	informe (m)	[iɱ'forme]
patent (het)	patente (m)	[pa'tente]
patenteren (ww)	patentar (vt)	[paten'tar]
plannen (ww)	planear (vt)	[plʲane'ar]
premie (de)	premio (m)	['premio]
professioneel (bn)	profesional (adj)	[profesjo'nalʲ]
procedure (de)	procedimiento (m)	[proθeði'mjento]
onderzoeken (contract, enz.)	examinar (vt)	[eksami'nar]
berekening (de)	cálculo (m)	['kalʲkulʲo]
reputatie (de)	reputación (f)	[reputa'θjon]
risico (het)	riesgo (m)	['rjesgo]
beheren (managen)	dirigir (vt)	[diri'χir]
informatie (de)	información (f)	[iɱforma'θjon]

eigendom (bezit)	propiedad (f)	[propje'ðað]
unie (de)	unión (f)	[u'njon]
levensverzekering (de)	seguro (m) de vida	[se'guro de 'biða]
verzekeren (ww)	asegurar (vt)	[asegu'rar]
verzekering (de)	seguro (m)	[se'guro]
veiling (de)	subasta (f)	[su'βasta]
verwittigen (ww)	notificar (vt)	[notifi'kar]
beheer (het)	gestión (f)	[χes'tjon]
dienst (de)	servicio (m)	[ser'βiθio]
forum (het)	foro (m)	['foro]
functioneren (ww)	funcionar (vi)	[funθjo'nar]
stap, etappe (de)	etapa (f)	[e'tapa]
juridisch (bn)	jurídico (adj)	[χu'riðiko]
jurist (de)	jurista (m)	[χu'rista]

72. Productie. Werken

industriële installatie (fabriek)	planta (f)	['plʲanta]
fabriek (de)	fábrica (f)	['faβrika]
werkplaatsruimte (de)	taller (m)	[ta'jer]
productielocatie (de)	planta (f) de producción	['plʲanta de proðuk'θjon]
industrie (de)	industria (f)	[in'dustria]
industrieel (bn)	industrial (adj)	[indus'trjalʲ]
zware industrie (de)	industria (f) pesada	[in'dustrja pe'saða]
lichte industrie (de)	industria (f) ligera	[in'dustrja li'χera]
productie (de)	producción (f)	[proðuk'θjon]
produceren (ww)	producir (vt)	[proðu'θir]
grondstof (de)	materias (f pl) primas	[ma'terjas 'primas]
voorman, ploegbaas (de)	jefe (m) de brigada	['χefe de bri'gaða]
ploeg (de)	brigada (f)	[bri'gaða]
arbeider (de)	obrero (m)	[o'βrero]
werkdag (de)	día (m) de trabajo	['dia de tra'βaχo]
pauze (de)	descanso (m)	[des'kanso]
samenkomst (de)	reunión (f)	[reu'njon]
bespreken (spreken over)	discutir (vt)	[disku'tir]
plan (het)	plan (m)	[plʲan]
het plan uitvoeren	cumplir el plan	[kum'plir elʲ 'plʲan]
productienorm (de)	tasa (f) de producción	['tasa de proðuk'θjon]
kwaliteit (de)	calidad (f)	[kali'ðað]
controle (de)	control (m)	[kon'trolʲ]
kwaliteitscontrole (de)	control (m) de calidad	[kon'trolʲ de kali'ðað]
arbeidsveiligheid (de)	seguridad (f) de trabajo	[seguri'ðað de tra'βaχo]
discipline (de)	disciplina (f)	[diθi'plina]
overtreding (de)	infracción (f)	[iɱfrak'θjon]
overtreden (ww)	violar, infringir (vt)	[bio'lʲar], [iɱfrin'χir]

staking (de)	huelga (f)	[u'elʲga]
staker (de)	huelguista (m)	[uelʲ'gista]
staken (ww)	estar en huelga	[es'tar en u'elʲga]
vakbond (de)	sindicato (m)	[sindi'kato]

uitvinden (machine, enz.)	inventar (vt)	[imben'tar]
uitvinding (de)	invención (f)	[imben'θjon]
onderzoek (het)	investigación (f)	[imbestiga'θjon]
verbeteren (beter maken)	mejorar (vt)	[meχo'rar]
technologie (de)	tecnología (f)	[teknolʲo'χia]
technische tekening (de)	dibujo (m) técnico	[di'βuχo 'tekniko]

vracht (de)	cargamento (m)	[karga'mento]
lader (de)	cargador (m)	[karga'ðor]
laden (vrachtwagen)	cargar (vt)	[kar'gar]
laden (het)	carga (f)	['karga]
lossen (ww)	descargar (vt)	[deskar'gar]
lossen (het)	descarga (f)	[des'karga]

transport (het)	transporte (m)	[trans'porte]
transportbedrijf (de)	compañía (f) de transporte	[kompa'njia de trans'porte]
transporteren (ww)	transportar (vt)	[transpor'tar]

goederenwagon (de)	vagón (m)	[ba'ɣon]
tank (bijv. ketelwagen)	cisterna (f)	[θis'terna]
vrachtwagen (de)	camión (m)	[ka'mjon]

machine (de)	máquina (f) herramienta	['makina era'mjenta]
mechanisme (het)	mecanismo (m)	[meka'nismo]

industrieel afval (het)	desperdicios (m pl)	[desper'ðiθjos]
verpakking (de)	empaquetado (m)	[empake'taðo]
verpakken (ww)	empaquetar (vt)	[empake'tar]

73. Contract. Overeenstemming

contract (het)	contrato (m)	[kon'trato]
overeenkomst (de)	acuerdo (m)	[aku'erðo]
bijlage (de)	anexo (m)	[a'nekso]

een contract sluiten	firmar un contrato	[fir'mar un kon'trato]
handtekening (de)	firma (f)	['firma]
ondertekenen (ww)	firmar (vt)	[fir'mar]
stempel (de)	sello (m)	['sejo]

voorwerp (het) van de overeenkomst	objeto (m) del acuerdo	[oβ'χeto delʲ aku'erðo]
clausule (de)	cláusula (f)	['klʲausulʲa]
partijen (mv.)	partes (f pl)	['partes]
vestigingsadres (het)	domicilio (m) legal	[domi'θilio le'galʲ]

het contract verbreken (overtreden)	violar el contrato	[bio'lʲar elʲ kon'trato]
verplichting (de)	obligación (f)	[oβliga'θjon]

verantwoordelijkheid (de)	responsabilidad (f)	[responsaβili'ðað]
overmacht (de)	fuerza (f) mayor	[fu'erθa ma'jor]
geschil (het)	disputa (f)	[dis'puta]
sancties (mv.)	penalidades (f pl)	[penali'ðaðes]

74. Import & Export

import (de)	importación (f)	[importa'θjon]
importeur (de)	importador (m)	[importa'ðor]
importeren (ww)	importar (vt)	[impor'tar]
import- (abn)	de importación (adj)	[de importa'θjon]

uitvoer (export)	exportación (f)	[eksporta'θjon]
exporteur (de)	exportador (m)	[eksporta'ðor]
exporteren (ww)	exportar (vt)	[ekspor'tar]
uitvoer- (bijv., ~goederen)	de exportación (adj)	[de eksporta'θjon]

goederen (mv.)	mercancía (f)	[merkan'θia]
partij (de)	lote (m) de mercancías	['lʲote de merkan'θias]

gewicht (het)	peso (m)	['peso]
volume (het)	volumen (m)	[bo'lʲumen]
kubieke meter (de)	metro (m) cúbico	['metro 'kuβiko]

producent (de)	productor (m)	[proðuk'tor]
transportbedrijf (de)	compañía (f) de transporte	[kompa'njia de trans'porte]
container (de)	contenedor (m)	[kontene'ðor]

grens (de)	frontera (f)	[fron'tera]
douane (de)	aduana (f)	[aðu'ana]
douanerecht (het)	derechos (m pl) arancelarios	[de'retʃos aranθe'lʲarios]
douanier (de)	aduanero (m)	[aðua'nero]
smokkelen (het)	contrabandismo (m)	[kontraβan'dismo]
smokkelwaar (de)	contrabando (m)	[kontra'βando]

75. Financiën

aandeel (het)	acción (f)	[ak'θjon]
obligatie (de)	bono (m), obligación (f)	['bono], [oβliga'θjon]
wissel (de)	letra (f) de cambio	['letra de 'kambio]

beurs (de)	bolsa (f)	['bolʲsa]
aandelenkoers (de)	cotización (f) de valores	[kotiθa'θjon de ba'lʲores]

dalen (ww)	abaratarse (vr)	[aβar'tarse]
stijgen (ww)	encarecerse (vr)	[eŋkare'θerse]

deel (het)	parte (f)	['parte]
meerderheidsbelang (het)	interés (m) mayoritario	[inte'res majori'tario]

investeringen (mv.)	inversiones (f pl)	[imber'sjones]
investeren (ww)	invertir (vi, vt)	[imber'tir]

procent (het)	porcentaje (m)	[porθen'taχe]
rente (de)	interés (m)	[inte'res]
winst (de)	beneficio (m)	[bene'fiθio]
winstgevend (bn)	beneficioso (adj)	[benefi'θjoso]
belasting (de)	impuesto (m)	[impu'esto]
valuta (vreemde ~)	divisa (f)	[di'βisa]
nationaal (bn)	nacional (adj)	[naθjo'nalʲ]
ruil (de)	cambio (m)	['kambio]
boekhouder (de)	contable (m)	[kon'taβle]
boekhouding (de)	contaduría (f)	[kontaðu'ria]
bankroet (het)	bancarrota (f)	[baŋka'rota]
ondergang (de)	quiebra (f)	['kjeβra]
faillissement (het)	ruina (f)	[ru'ina]
geruïneerd zijn (ww)	arruinarse (vr)	[arui'narse]
inflatie (de)	inflación (f)	[imflʲa'θjon]
devaluatie (de)	devaluación (f)	[deβalʲua'θjon]
kapitaal (het)	capital (m)	[kapi'talʲ]
inkomen (het)	ingresos (m pl)	[in'gresos]
omzet (de)	volumen (m) de negocio	[bo'lʲumen de ne'goθio]
middelen (mv.)	recursos (m pl)	[re'kursos]
financiële middelen (mv.)	recursos (m pl) monetarios	[re'kursos mone'tarjos]
operationele kosten (mv.)	gastos (m pl) accesorios	['gastos akθe'sorjos]
reduceren (kosten ~)	reducir (vt)	[reðu'θir]

76. Marketing

marketing (de)	mercadotecnia (f)	[merkaðo'teknia]
markt (de)	mercado (m)	[mer'kaðo]
marktsegment (het)	segmento (m) del mercado	[seɣ'mento delʲ mer'kaðo]
product (het)	producto (m)	[pro'ðukto]
goederen (mv.)	mercancía (f)	[merkan'θia]
handelsmerk (het)	marca (f) comercial	['marka komer'θjalʲ]
beeldmerk (het)	logotipo (m)	[lʲogo'tipo]
logo (het)	logo (m)	['lʲogo]
vraag (de)	demanda (f)	[de'manda]
aanbod (het)	oferta (f)	[o'ferta]
behoefte (de)	necesidad (f)	[neθesi'ðað]
consument (de)	consumidor (m)	[konsumi'ðor]
analyse (de)	análisis (m)	[a'nalisis]
analyseren (ww)	analizar (vt)	[anali'θar]
positionering (de)	posicionamiento (m)	[posiθjona'mjento]
positioneren (ww)	posicionar (vt)	[posiθjo'nar]
prijs (de)	precio (m)	['preθio]
prijspolitiek (de)	política (f) de precios	[po'litika de 'preθjos]
prijsvorming (de)	formación (f) de precios	[forma'θjon de 'preθjos]

77. Reclame

reclame (de)	publicidad (f)	[puβliθi'ðað]
adverteren (ww)	publicitar (vt)	[puβliθi'tar]
budget (het)	presupuesto (m)	[presupu'esto]

advertentie, reclame (de)	anuncio (m)	[a'nunθio]
TV-reclame (de)	publicidad (f) televisiva	[puβliθi'ðað teleβi'siβa]
radioreclame (de)	publicidad (f) radiofónica	[puβliθi'ðað raðjo'fonika]
buitenreclame (de)	publicidad (f) exterior	[puβliθi'ðað ekste'rjor]

massamedia (de)	medios (m pl) de comunicación de masas	['meðjos de komunika'θjon de 'masas]
periodiek (de)	periódico (m)	[pe'rjoðiko]
imago (het)	imagen (f)	[i'maxen]

slagzin (de)	consigna (f)	[kon'signa]
motto (het)	divisa (f)	[di'βisa]

campagne (de)	campaña (f)	[kam'paɲa]
reclamecampagne (de)	campaña (f) publicitaria	[kam'paɲa puβliθi'taria]
doelpubliek (het)	auditorio (m) objetivo	[auði'torio oβxe'tiβo]

visitekaartje (het)	tarjeta (f) de visita	[tar'xeta de bi'sita]
flyer (de)	prospecto (m)	[pros'pekto]
brochure (de)	folleto (m)	[fo'jeto]
folder (de)	panfleto (m)	[paɱ'fleto]
nieuwsbrief (de)	boletín (m)	[bole'tin]

gevelreclame (de)	letrero (m)	[le'trero]
poster (de)	pancarta (f)	[paɲ'karta]
aanplakbord (het)	valla (f) publicitaria	['baja puβliθi'taria]

78. Bankieren

bank (de)	banco (m)	['baŋko]
bankfiliaal (het)	sucursal (f)	[sukur'salʲ]

bankbediende (de)	consultor (m)	[konsulʲ'tor]
manager (de)	gerente (m)	[xe'rente]

bankrekening (de)	cuenta (f)	[ku'enta]
rekeningnummer (het)	numero (m) de la cuenta	['numero de lʲa ku'enta]
lopende rekening (de)	cuenta (f) corriente	[ku'enta ko'rjente]
spaarrekening (de)	cuenta (f) de ahorros	[ku'enta de a'oros]

een rekening openen	abrir una cuenta	[a'βrir una ku'enta]
de rekening sluiten	cerrar la cuenta	[θe'rar lʲa ku'enta]
op rekening storten	ingresar en la cuenta	[ingre'sar en lʲa ku'enta]
opnemen (ww)	sacar de la cuenta	[sa'kar de lʲa ku'enta]

storting (de)	depósito (m)	[de'posito]
een storting maken	hacer un depósito	[a'θer un de'posito]

| overschrijving (de) | giro (m) | ['χiro] |
| een overschrijving maken | hacer un giro | [a'θer un 'χiro] |

| som (de) | suma (f) | ['suma] |
| Hoeveel? | ¿Cuánto? | [ku'anto] |

| handtekening (de) | firma (f) | ['firma] |
| ondertekenen (ww) | firmar (vt) | [fir'mar] |

kredietkaart (de)	tarjeta (f) de crédito	[tar'χeta de 'kreðito]
code (de)	código (m)	['koðigo]
kredietkaartnummer (het)	número (m) de tarjeta de crédito	['numero de tar'χeta de 'kreðito]
geldautomaat (de)	cajero (m) automático	[ka'χero auto'matiko]

cheque (de)	cheque (m)	['tʃeke]
een cheque uitschrijven	sacar un cheque	[sa'kar un 'tʃeke]
chequeboekje (het)	talonario (m)	[talʲo'nario]

lening, krediet (de)	crédito (m)	['kreðito]
een lening aanvragen	pedir el crédito	[pe'ðir elʲ 'kreðito]
een lening nemen	obtener un crédito	[oβte'ner un 'kreðito]
een lening verlenen	conceder un crédito	[konθe'ðer un 'kreðito]
garantie (de)	garantía (f)	[garan'tia]

79. Telefoon. Telefoongesprek

telefoon (de)	teléfono (m)	[te'lefono]
mobieltje (het)	teléfono (m) móvil	[te'lefono 'moβilʲ]
antwoordapparaat (het)	contestador (m)	[kontesta'ðor]

| bellen (ww) | llamar, telefonear | [ja'mar], [telefone'ar] |
| belletje (telefoontje) | llamada (f) | [ja'maða] |

een nummer draaien	marcar un número	[mar'kar un 'numero]
Hallo!	¿Sí?, ¿Dígame?	[si], ['digame]
vragen (ww)	preguntar (vt)	[pregun'tar]
antwoorden (ww)	responder (vi, vt)	[respon'der]

horen (ww)	oír (vt)	[o'ir]
goed (bw)	bien (adv)	[bjen]
slecht (bw)	mal (adv)	[malʲ]
storingen (mv.)	ruidos (m pl)	[ru'iðos]

hoorn (de)	auricular (m)	[auriku'lʲar]
opnemen (ww)	descolgar (vt)	[deskolʲ'gar]
ophangen (ww)	colgar el auricular	[kolʲ'gar elʲ auriku'lʲar]
bezet (bn)	ocupado (adj)	[oku'paðo]
overgaan (ww)	sonar (vi)	[so'nar]
telefoonboek (het)	guía (f) de teléfonos	['gia de te'lefonos]

lokaal (bn)	local (adj)	[lʲo'kalʲ]
interlokaal (bn)	de larga distancia	[de 'lʲarga dis'tanθia]
buitenlands (bn)	internacional (adj)	[internaθjo'nalʲ]

80. Mobiele telefoon

mobieltje (het)	teléfono (m) móvil	[te'lefono 'moβilʲ]
scherm (het)	pantalla (f)	[pan'taja]
toets, knop (de)	botón (m)	[bo'ton]
simkaart (de)	tarjeta SIM (f)	[tar'χeta sim]
batterij (de)	pila (f)	['pilʲa]
leeg zijn (ww)	descargarse (vr)	[deskar'garse]
acculader (de)	cargador (m)	[karga'ðor]
menu (het)	menú (m)	[me'nu]
instellingen (mv.)	preferencias (f pl)	[prefe'renθias]
melodie (beltoon)	melodía (f)	[melʲo'ðia]
selecteren (ww)	seleccionar (vt)	[selekθjo'nar]
rekenmachine (de)	calculadora (f)	[kalʲkulʲa'ðora]
voicemail (de)	contestador (m)	[kontesta'ðor]
wekker (de)	despertador (m)	[desperta'ðor]
contacten (mv.)	contactos (m pl)	[kon'taktos]
SMS-bericht (het)	mensaje (m) de texto	[men'saχe de 'teksto]
abonnee (de)	abonado (m)	[aβo'naðo]

81. Schrijfbehoeften

balpen (de)	bolígrafo (m)	[bo'liɣrafo]
vulpen (de)	pluma (f) estilográfica	['plʲuma estilʲo'ɣrafika]
potlood (het)	lápiz (m)	['lʲapiθ]
marker (de)	marcador (m)	[marka'ðor]
viltstift (de)	rotulador (m)	[rotulʲa'ðor]
notitieboekje (het)	bloc (m) de notas	['blʲok de 'notas]
agenda (boekje)	agenda (f)	[a'χenda]
liniaal (de/het)	regla (f)	['reɣlʲa]
rekenmachine (de)	calculadora (f)	[kalʲkulʲa'ðora]
gom (de)	goma (f) de borrar	['goma de bo'rar]
punaise (de)	chincheta (f)	[ʧin'ʧeta]
paperclip (de)	clip (m)	[klip]
lijm (de)	cola (f), pegamento (m)	['kolʲa], [pega'mento]
nietmachine (de)	grapadora (f)	[grapa'ðora]
perforator (de)	perforador (m)	[perfora'ðor]
potloodslijper (de)	sacapuntas (m)	[saka'puntas]

82. Soorten bedrijven

boekhouddiensten (mv.)	contabilidad (f)	[kontaβili'ðað]
reclame (de)	publicidad (f)	[puβliθi'ðað]

reclamebureau (het)	agencia (f) de publicidad	[a'xenθja de puβliθi'ðað]
airconditioning (de)	climatizadores (m pl)	[klimatiθa'ðores]
luchtvaartmaatschappij (de)	compañía (f) aérea	[kompa'njia a'erea]
alcoholische dranken (mv.)	bebidas (f pl) alcohólicas	[be'βiðas alʲko'olikas]
antiek (het)	antigüedad (f)	[antiɣue'ðað]
kunstgalerie (de)	galería (f) de arte	[gale'ria de 'arte]
audit diensten (mv.)	servicios (m pl) de auditoría	[ser'βiθjos de auðito'ria]
banken (mv.)	negocio (m) bancario	[ne'goθjo baŋ'kario]
bar (de)	bar (m)	[bar]
schoonheidssalon (de/het)	salón (m) de belleza	[sa'lʲon de be'jeθa]
boekhandel (de)	librería (f)	[liβre'ria]
bierbrouwerij (de)	fábrica (f) de cerveza	['faβrika de θer'βeθa]
zakencentrum (het)	centro (m) de negocios	['θentro de ne'goθjos]
business school (de)	escuela (f) de negocios	[esku'elʲa de ne'goθjos]
casino (het)	casino (m)	[ka'sino]
bouwbedrijven (mv.)	construcción (f)	[konstruk'θjon]
adviesbureau (het)	consultoría (f)	[konsulʲto'ria]
tandheelkunde (de)	estomatología (f)	[estomatolʲo'xia]
design (het)	diseño (m)	[di'senjo]
apotheek (de)	farmacia (f)	[far'maθia]
stomerij (de)	tintorería (f)	[tintore'ria]
uitzendbureau (het)	agencia (f) de empleo	[a'xenθja de em'pleo]
financiële diensten (mv.)	servicios (m pl) financieros	[ser'βiθjos finan'θjeros]
voedingswaren (mv.)	productos alimenticios	[pro'ðuktos alimen'tiθjos]
uitvaartcentrum (het)	funeraria (f)	[fune'raria]
meubilair (het)	muebles (m pl)	[mu'eβles]
kleding (de)	ropa (f)	['ropa]
hotel (het)	hotel (m)	[o'telʲ]
ijsje (het)	helado (m)	[e'lʲaðo]
industrie (de)	industria (f)	[in'dustria]
verzekering (de)	seguro (m)	[se'guro]
Internet (het)	internet (m), red (f)	[inter'net], [reð]
investeringen (mv.)	inversiones (f pl)	[imber'sjones]
juwelier (de)	joyero (m)	[xo'jero]
juwelen (mv.)	joyería (f)	[xoje'ria]
wasserette (de)	lavandería (f)	[lʲaβande'ria]
juridische diensten (mv.)	asesoría (f) jurídica	[aseso'ria xu'riðika]
lichte industrie (de)	industria (f) ligera	[in'dustrja li'xera]
tijdschrift (het)	revista (f)	[re'βista]
postorderbedrijven (mv.)	venta (f) por catálogo	['benta por ka'talʲogo]
medicijnen (mv.)	medicina (f)	[meði'θina]
bioscoop (de)	cine (m)	['θine]
museum (het)	museo (m)	[mu'seo]
persbureau (het)	agencia (f) de información	[a'xenθja de imforma'θjon]
krant (de)	periódico (m)	[pe'rjoðiko]
nachtclub (de)	club (m) nocturno	[klʲuβ nok'turno]
olie (aardolie)	petróleo (m)	[pe'troleo]

koerierdienst (de)	servicio (m) de entrega	[ser'βiθjo de en'trega]
farmacie (de)	industria (f) farmacéutica	[in'dustrja farma'θeutika]
drukkerij (de)	poligrafía (f)	[poliɣra'fia]
uitgeverij (de)	editorial (f)	[eðito'rjalʲ]
radio (de)	radio (f)	['raðio]
vastgoed (het)	inmueble (m)	[inmu'eβle]
restaurant (het)	restaurante (m)	[restau'rante]
bewakingsfirma (de)	agencia (f) de seguridad	[a'xenθja de seguri'ðað]
sport (de)	deporte (m)	[de'porte]
handelsbeurs (de)	bolsa (f) de comercio	['bolʲsa de ko'merθio]
winkel (de)	tienda (f)	['tjenda]
supermarkt (de)	supermercado (m)	[supermer'kaðo]
zwembad (het)	piscina (f)	[pi'θina]
naaiatelier (het)	taller (m)	[ta'jer]
televisie (de)	televisión (f)	[teleβi'θjon]
theater (het)	teatro (m)	[te'atro]
handel (de)	comercio (m)	[ko'merθio]
transport (het)	servicios de transporte	[ser'βiθjos de trans'porte]
toerisme (het)	turismo (m)	[tu'rismo]
dierenarts (de)	veterinario (m)	[beteri'nario]
magazijn (het)	almacén (m)	[alʲma'θen]
afvalinzameling (de)	recojo (m) de basura	[re'koxo de ba'sura]

Baan. Business. Deel 2

83. Show. Tentoonstelling

beurs (de)	exposición (f)	[eksposi'θjon]
vakbeurs, handelsbeurs (de)	feria (f) comercial	['ferja komer'θjalʲ]
deelneming (de)	participación (f)	[partiθipa'θjon]
deelnemen (ww)	participar (vi)	[partiθi'par]
deelnemer (de)	participante (m)	[partiθi'pante]
directeur (de)	director (m)	[direk'tor]
organisatiecomité (het)	dirección (f)	[direk'θjon]
organisator (de)	organizador (m)	[organiθa'ðor]
organiseren (ww)	organizar (vt)	[organi'θar]
deelnemingsaanvraag (de)	solicitud (f) de participación	[soliθi'tuð de partiθipa'θjon]
invullen (een formulier ~)	rellenar (vt)	[reje'nar]
details (mv.)	detalles (m pl)	[de'tajes]
informatie (de)	información (f)	[imforma'θjon]
prijs (de)	precio (m)	['preθio]
inclusief (bijv. ~ BTW)	incluso (adj)	[iŋk'lʲuso]
inbegrepen (alles ~)	incluir (vt)	[iŋklʲu'ir]
betalen (ww)	pagar (vi, vt)	[pa'gar]
registratietarief (het)	cuota (f) de registro	[ku'ota de re'xistro]
ingang (de)	entrada (f)	[en'traða]
paviljoen (het), hal (de)	pabellón (m)	[paβe'jon]
registreren (ww)	registrar (vt)	[rexis'trar]
badge, kaart (de)	tarjeta (f)	[tar'xeta]
beursstand (de)	stand (m) de feria	[stand de 'feria]
reserveren (een stand ~)	reservar (vt)	[reser'βar]
vitrine (de)	vitrina (f)	[bi'trina]
licht (het)	lámpara (f)	['lʲampara]
design (het)	diseño (m)	[di'senjo]
plaatsen (ww)	poner (vt)	[po'ner]
geplaatst zijn (ww)	situarse (vr)	[situ'arse]
distributeur (de)	distribuidor (m)	[distriβui'ðor]
leverancier (de)	proveedor (m)	[proβee'ðor]
leveren (ww)	suministrar (vt)	[suminis'trar]
land (het)	país (m)	[pa'is]
buitenlands (bn)	extranjero (adj)	[ekstran'xero]
product (het)	producto (m)	[pro'ðukto]
associatie (de)	asociación (f)	[asoθja'θjon]

conferentiezaal (de)	sala (f) de conferencias	['salʲa de komfe'renθias]
congres (het)	congreso (m)	[kon'greso]
wedstrijd (de)	concurso (m)	[ko'ŋkurso]
bezoeker (de)	visitante (m)	[bisi'tante]
bezoeken (ww)	visitar (vt)	[bisi'tar]
afnemer (de)	cliente (m)	[kli'ente]

84. Wetenschap. Onderzoek. Wetenschappers

wetenschap (de)	ciencia (f)	['θjenθia]
wetenschappelijk (bn)	científico (adj)	[θjen'tifiko]
wetenschapper (de)	científico (m)	[θjen'tifiko]
theorie (de)	teoría (f)	[teo'ria]
axioma (het)	axioma (m)	[aksi'oma]
analyse (de)	análisis (m)	[a'nalisis]
analyseren (ww)	analizar (vt)	[anali'θar]
argument (het)	argumento (m)	[argu'mento]
substantie (de)	sustancia (f)	[sus'tanθia]
hypothese (de)	hipótesis (f)	[i'potesis]
dilemma (het)	dilema (m)	[di'lema]
dissertatie (de)	tesis (f) de grado	['tesis de 'graðo]
dogma (het)	dogma (m)	['doɣma]
doctrine (de)	doctrina (f)	[dok'trina]
onderzoek (het)	investigación (f)	[imbestiga'θjon]
onderzoeken (ww)	investigar (vt)	[imbesti'gar]
toetsing (de)	prueba (f)	[pru'eβa]
laboratorium (het)	laboratorio (m)	[lʲaβora'torio]
methode (de)	método (m)	['metoðo]
molecule (de/het)	molécula (f)	[mo'lekulʲa]
monitoring (de)	seguimiento (m)	[segi'mjento]
ontdekking (de)	descubrimiento (m)	[deskuβri'mjento]
postulaat (het)	postulado (m)	[postu'lʲaðo]
principe (het)	principio (m)	[prin'θipio]
voorspelling (de)	pronóstico (m)	[pro'nostiko]
een prognose maken	pronosticar (vt)	[pronosti'kar]
synthese (de)	síntesis (f)	['sintesis]
tendentie (de)	tendencia (f)	[ten'denθia]
theorema (het)	teorema (m)	[teo'rema]
leerstellingen (mv.)	enseñanzas (f pl)	[ense'njanθas]
feit (het)	hecho (m)	['etʃo]
expeditie (de)	expedición (f)	[ekspeði'θjon]
experiment (het)	experimento (m)	[eksperi'mento]
academicus (de)	académico (m)	[aka'ðemiko]
bachelor (bijv. BA, LLB)	bachiller (m)	[batʃi'jer]
doctor (de)	doctorado (m)	[dokto'raðo]

universitair docent (de)	**docente** (m)	[do'θente]
master, magister (de)	**Master** (m)	['master]
professor (de)	**profesor** (m)	[profe'sor]

Beroepen en ambachten

85. Zoeken naar werk. Ontslag

baan (de)	trabajo (m)	[tra'βaχo]
personeel (het)	personal (m)	[perso'nalʲ]
carrière (de)	carrera (f)	[ka'rera]
vooruitzichten (mv.)	perspectiva (f)	[perspek'tiβa]
meesterschap (het)	maestría (f)	[maes'tria]
keuze (de)	selección (f)	[selek'θjon]
uitzendbureau (het)	agencia (f) de empleo	[a'χenθja de em'pleo]
CV, curriculum vitae (het)	curriculum vitae (m)	[ku'rikulʲum bi'tae]
sollicitatiegesprek (het)	entrevista (f)	[entre'βista]
vacature (de)	vacancia (f)	[ba'kanθia]
salaris (het)	salario (m)	[sa'lʲario]
vaste salaris (het)	salario (m) fijo	[sa'lʲario 'fiχo]
loon (het)	remuneración (f)	[remunera'θjon]
betrekking (de)	puesto (m)	[pu'esto]
taak, plicht (de)	deber (m)	[de'βer]
takenpakket (het)	gama (f) de deberes	['gama de de'βeres]
bezig (~ zijn)	ocupado (adj)	[oku'paðo]
ontslagen (ww)	despedir (vt)	[despe'ðir]
ontslag (het)	despido (m)	[des'piðo]
werkloosheid (de)	desempleo (m)	[desem'pleo]
werkloze (de)	desempleado (m)	[desemple'aðo]
pensioen (het)	jubilación (f)	[χuβilʲa'θjon]
met pensioen gaan	jubilarse (vr)	[χuβi'lʲarse]

86. Zakenmensen

directeur (de)	director (m)	[direk'tor]
beheerder (de)	gerente (m)	[χe'rente]
hoofd (het)	jefe (m)	['χefe]
baas (de)	superior (m)	[supe'rjor]
superieuren (mv.)	superiores (m pl)	[supe'rjores]
president (de)	presidente (m)	[presi'ðente]
voorzitter (de)	presidente (m)	[presi'ðente]
adjunct (de)	adjunto (m)	[að'χunto]
assistent (de)	asistente (m)	[asis'tente]
secretaris (de)	secretario (m), secretaria (f)	[sekre'tario], [sekre'taria]

persoonlijke assistent (de)	secretario (m) particular	[sekre'tarjo partiku'lʲar]
zakenman (de)	hombre (m) de negocios	['ombre de ne'goθjos]
ondernemer (de)	emprendedor (m)	[emprende'ðor]
oprichter (de)	fundador (m)	[funda'ðor]
oprichten (een nieuw bedrijf ~)	fundar (vt)	[fun'dar]

stichter (de)	institutor (m)	[institu'tor]
partner (de)	socio (m)	['soθio]
aandeelhouder (de)	accionista (m)	[akθjo'nista]

miljonair (de)	millonario (m)	[mijo'nario]
miljardair (de)	multimillonario (m)	[mulʲti·mijo'nario]
eigenaar (de)	propietario (m)	[propje'tario]
landeigenaar (de)	terrateniente (m)	[tera·te'njente]

klant (de)	cliente (m)	[kli'ente]
vaste klant (de)	cliente (m) habitual	[kli'ente aβitu'alʲ]
koper (de)	comprador (m)	[kompra'ðor]
bezoeker (de)	visitante (m)	[bisi'tante]

professioneel (de)	profesional (m)	[profesjo'nalʲ]
expert (de)	experto (m)	[eks'perto]
specialist (de)	especialista (m)	[espeθja'lista]

bankier (de)	banquero (m)	[baŋ'kero]
makelaar (de)	broker (m)	['broker]

kassier (de)	cajero (m)	[ka'xero]
boekhouder (de)	contable (m)	[kon'taβle]
bewaker (de)	guardia (m) de seguridad	[gu'arðja de seguri'ðað]

investeerder (de)	inversionista (m)	[imbersjo'nista]
schuldenaar (de)	deudor (m)	[deu'ðor]
crediteur (de)	acreedor (m)	[akree'ðor]
lener (de)	prestatario (m)	[presta'tario]

importeur (de)	importador (m)	[importa'ðor]
exporteur (de)	exportador (m)	[eksporta'ðor]

producent (de)	productor (m)	[proðuk'tor]
distributeur (de)	distribuidor (m)	[distriβui'ðor]
bemiddelaar (de)	intermediario (m)	[interme'ðjario]

adviseur, consulent (de)	asesor (m)	[ase'sor]
vertegenwoordiger (de)	representante (m)	[represen'tante]
agent (de)	agente (m)	[a'xente]
verzekeringsagent (de)	agente (m) de seguros	[a'xente de se'guros]

87. Dienstverlenende beroepen

kok (de)	cocinero (m)	[koθi'nero]
chef-kok (de)	jefe (m) de cocina	['xefe de ko'θina]
bakker (de)	panadero (m)	[pana'ðero]

barman (de)	barman (m)	['barman]
kelner, ober (de)	camarero (m)	[kama'rero]
serveerster (de)	camarera (f)	[kama'rera]
advocaat (de)	abogado (m)	[aβo'gaðo]
jurist (de)	jurista (m)	[χu'rista]
notaris (de)	notario (m)	[no'tario]
elektricien (de)	electricista (m)	[elektri'θista]
loodgieter (de)	fontanero (m)	[fonta'nero]
timmerman (de)	carpintero (m)	[karpin'tero]
masseur (de)	masajista (m)	[masa'χista]
masseuse (de)	masajista (f)	[masa'χista]
dokter, arts (de)	médico (m)	['meðiko]
taxichauffeur (de)	taxista (m)	[ta'ksista]
chauffeur (de)	chofer (m)	['tʃofer]
koerier (de)	repartidor (m)	[reparti'ðor]
kamermeisje (het)	camarera (f)	[kama'rera]
bewaker (de)	guardia (m) de seguridad	[gu'arðja de seguri'ðað]
stewardess (de)	azafata (f)	[aθa'fata]
meester (de)	profesor (m)	[profe'sor]
bibliothecaris (de)	bibliotecario (m)	[biβliote'kario]
vertaler (de)	traductor (m)	[traðuk'tor]
tolk (de)	intérprete (m)	[in'terprete]
gids (de)	guía (m)	['gia]
kapper (de)	peluquero (m)	[pelʲu'kero]
postbode (de)	cartero (m)	[kar'tero]
verkoper (de)	vendedor (m)	[bende'ðor]
tuinman (de)	jardinero (m)	[χarði'nero]
huisbediende (de)	servidor (m)	[serβi'ðor]
dienstmeisje (het)	criada (f)	[kri'aða]
schoonmaakster (de)	mujer (f) de la limpieza	[mu'χer de lʲa lim'pjeθa]

88. Militaire beroepen en rangen

soldaat (rang)	soldado (m) raso	[solʲ'ðaðo 'raso]
sergeant (de)	sargento (m)	[sar'χento]
luitenant (de)	teniente (m)	[te'njente]
kapitein (de)	capitán (m)	[kapi'tan]
majoor (de)	mayor (m)	[ma'jor]
kolonel (de)	coronel (m)	[koro'nelʲ]
generaal (de)	general (m)	[χene'ralʲ]
maarschalk (de)	mariscal (m)	[maris'kalʲ]
admiraal (de)	almirante (m)	[alʲmi'rante]
militair (de)	militar (m)	[mili'tar]
soldaat (de)	soldado (m)	[solʲ'ðaðo]

officier (de)	oficial (m)	[ofi'θjalʲ]
commandant (de)	comandante (m)	[koman'dante]

grenswachter (de)	guardafronteras (m)	[guarða·fron'teras]
marconist (de)	radio-operador (m)	['raðjo opera'ðor]
verkenner (de)	explorador (m)	[eksplʲora'ðor]
sappeur (de)	zapador (m)	[θapa'ðor]
schutter (de)	tirador (m)	[tira'ðor]
stuurman (de)	navegador (m)	[naβega'ðor]

89. Ambtenaren. Priesters

koning (de)	rey (m)	[rej]
koningin (de)	reina (f)	['rejna]

prins (de)	príncipe (m)	['prinθipe]
prinses (de)	princesa (f)	[prin'θesa]

tsaar (de)	zar (m)	[θar]
tsarina (de)	zarina (f)	[θa'rina]

president (de)	presidente (m)	[presi'ðente]
minister (de)	ministro (m)	[mi'nistro]
eerste minister (de)	primer ministro (m)	[pri'mer mi'nistro]
senator (de)	senador (m)	[sena'ðor]

diplomaat (de)	diplomático (m)	[diplʲo'matiko]
consul (de)	cónsul (m)	['konsulʲ]
ambassadeur (de)	embajador (m)	[embaχa'ðor]
adviseur (de)	consejero (m)	[konse'χero]

ambtenaar (de)	funcionario (m)	[funθjo'nario]
prefect (de)	prefecto (m)	[pre'fekto]
burgemeester (de)	alcalde (m)	[alʲ'kalʲde]

rechter (de)	juez (m)	[χu'eθ]
aanklager (de)	fiscal (m)	[fis'kalʲ]

missionaris (de)	misionero (m)	[misjo'nero]
monnik (de)	monje (m)	['monχe]
abt (de)	abad (m)	[a'βað]
rabbi, rabbijn (de)	rabino (m)	[ra'βino]

vizier (de)	visir (m)	[bi'sir]
sjah (de)	sha, shah (m)	[ʃa]
sjeik (de)	jeque (m)	['χeke]

90. Agrarische beroepen

imker (de)	apicultor (m)	[apikulʲ'tor]
herder (de)	pastor (m)	[pas'tor]
landbouwkundige (de)	agrónomo (m)	[a'ɣronomo]

veehouder (de)	ganadero (m)	[gana'ðero]
dierenarts (de)	veterinario (m)	[beteri'nario]
landbouwer (de)	granjero (m)	[gran'χero]
wijnmaker (de)	vinicultor (m)	[binikulʲ'tor]
zoöloog (de)	zoólogo (m)	[θo'olʲogo]
cowboy (de)	vaquero (m)	[ba'kero]

91. Kunst beroepen

acteur (de)	actor (m)	[ak'tor]
actrice (de)	actriz (f)	[ak'triθ]
zanger (de)	cantante (m)	[kan'tante]
zangeres (de)	cantante (f)	[kan'tante]
danser (de)	bailarín (m)	[bajlʲa'rin]
danseres (de)	bailarina (f)	[bajlʲa'rina]
artiest (mann.)	artista (m)	[ar'tista]
artiest (vrouw.)	artista (f)	[ar'tista]
muzikant (de)	músico (m)	['musiko]
pianist (de)	pianista (m)	[pja'nista]
gitarist (de)	guitarrista (m)	[gita'rista]
orkestdirigent (de)	director (m) de orquesta	[direk'tor de or'kesta]
componist (de)	compositor (m)	[komposi'tor]
impresario (de)	empresario (m)	[empre'sario]
filmregisseur (de)	director (m) de cine	[direk'tor de 'θine]
filmproducent (de)	productor (m)	[proðuk'tor]
scenarioschrijver (de)	guionista (m)	[gijo'nista]
criticus (de)	crítico (m)	['kritiko]
schrijver (de)	escritor (m)	[eskri'tor]
dichter (de)	poeta (m)	[po'eta]
beeldhouwer (de)	escultor (m)	[eskulʲ'tor]
kunstenaar (de)	pintor (m)	[pin'tor]
jongleur (de)	malabarista (m)	[malʲaβa'rista]
clown (de)	payaso (m)	[pa'jaso]
acrobaat (de)	acróbata (m)	[a'kroβata]
goochelaar (de)	ilusionista (m)	[ilʲusjo'nista]

92. Verschillende beroepen

dokter, arts (de)	médico (m)	['meðiko]
ziekenzuster (de)	enfermera (f)	[eɱfer'mera]
psychiater (de)	psiquiatra (m)	[si'kjatra]
tandarts (de)	dentista (m)	[den'tista]
chirurg (de)	cirujano (m)	[θiru'χano]

astronaut (de)	astronauta (m)	[astro'nauta]
astronoom (de)	astrónomo (m)	[as'tronomo]
piloot (de)	piloto (m)	[pi'lʲoto]

chauffeur (de)	conductor (m)	[konduk'tor]
machinist (de)	maquinista (m)	[maki'nista]
mecanicien (de)	mecánico (m)	[me'kaniko]

mijnwerker (de)	minero (m)	[mi'nero]
arbeider (de)	obrero (m)	[o'βrero]
bankwerker (de)	cerrajero (m)	[θera'xero]
houtbewerker (de)	carpintero (m)	[karpin'tero]
draaier (de)	tornero (m)	[tor'nero]
bouwvakker (de)	albañil (m)	[alʲβa'njilʲ]
lasser (de)	soldador (m)	[solʲda'ðor]

professor (de)	profesor (m)	[profe'sor]
architect (de)	arquitecto (m)	[arki'tekto]
historicus (de)	historiador (m)	[istorja'ðor]
wetenschapper (de)	científico (m)	[θjen'tifiko]
fysicus (de)	físico (m)	['fisiko]
scheikundige (de)	químico (m)	['kimiko]

archeoloog (de)	arqueólogo (m)	[arke'olʲogo]
geoloog (de)	geólogo (m)	[xe'olʲogo]
onderzoeker (de)	investigador (m)	[imbestiga'ðor]

babysitter (de)	niñera (f)	[ni'njera]
leraar, pedagoog (de)	pedagogo (m)	[peða'gogo]

redacteur (de)	redactor (m)	[reðak'tor]
chef-redacteur (de)	redactor jefe (m)	[reðak'tor 'xefe]
correspondent (de)	corresponsal (m)	[korespon'salʲ]
typiste (de)	mecanógrafa (f)	[meka'noɣrafa]

designer (de)	diseñador (m)	[disenja'ðor]
computerexpert (de)	especialista (m) en ordenadores	[espeθja'lista en orðena'ðores]

programmeur (de)	programador (m)	[proɣrama'ðor]
ingenieur (de)	ingeniero (m)	[inxe'njero]

matroos (de)	marino (m)	[ma'rino]
zeeman (de)	marinero (m)	[mari'nero]
redder (de)	socorrista (m)	[soko'rista]

brandweerman (de)	bombero (m)	[bom'bero]
politieagent (de)	policía (m)	[poli'θia]
nachtwaker (de)	vigilante (m) nocturno	[bixi'lʲante nok'turno]
detective (de)	detective (m)	[detek'tiβe]

douanier (de)	aduanero (m)	[aðua'nero]
lijfwacht (de)	guardaespaldas (m)	[guarða·es'palʲdas]
gevangenisbewaker (de)	guardia (m) de prisiones	[gu'arðja de pri'sjones]
inspecteur (de)	inspector (m)	[inspek'tor]
sportman (de)	deportista (m)	[depor'tista]
trainer (de)	entrenador (m)	[entrena'ðor]

slager, beenhouwer (de)	carnicero (m)	[karni'θero]
schoenlapper (de)	zapatero (m)	[θapa'tero]
handelaar (de)	comerciante (m)	[komer'θjante]
lader (de)	cargador (m)	[karga'ðor]
kledingstilist (de)	diseñador (m) de moda	[disenja'ðor de 'moða]
model (het)	modelo (f)	[mo'ðelʲo]

93. Beroepen. Sociale status

scholier (de)	escolar (m)	[esko'lʲar]
student (de)	estudiante (m)	[estu'ðjante]
filosoof (de)	filósofo (m)	[fi'lʲosofo]
econoom (de)	economista (m)	[ekono'mista]
uitvinder (de)	inventor (m)	[imben'tor]
werkloze (de)	desempleado (m)	[desemple'aðo]
gepensioneerde (de)	jubilado (m)	[χuβi'lʲaðo]
spion (de)	espía (m)	[es'pia]
gedetineerde (de)	prisionero (m)	[prisjo'nero]
staker (de)	huelguista (m)	[uelʲ'gista]
bureaucraat (de)	burócrata (m)	[bu'rokrata]
reiziger (de)	viajero (m)	[bja'χero]
homoseksueel (de)	homosexual (m)	[omoseksu'alʲ]
hacker (computerkraker)	hacker (m)	['aker]
hippie (de)	hippie (m)	['χipi]
bandiet (de)	bandido (m)	[ban'diðo]
huurmoordenaar (de)	sicario (m)	[si'kario]
drugsverslaafde (de)	drogadicto (m)	[droɣ·a'ðikto]
drugshandelaar (de)	narcotraficante (m)	[narko·trafi'kante]
prostituee (de)	prostituta (f)	[prosti'tuta]
pooier (de)	chulo (m), proxeneta (m)	['tʃulʲo], [prokse'neta]
tovenaar (de)	brujo (m)	['bruχo]
tovenares (de)	bruja (f)	['bruχa]
piraat (de)	pirata (m)	[pi'rata]
slaaf (de)	esclavo (m)	[es'klʲaβo]
samoerai (de)	samurai (m)	[samu'raj]
wilde (de)	salvaje (m)	[salʲ'βaχe]

Onderwijs

94. School

school (de)	escuela (f)	[esku'elʲa]
schooldirecteur (de)	director (m) de escuela	[direk'tor de esku'elʲa]
leerling (de)	alumno (m)	[a'lʲumno]
leerlinge (de)	alumna (f)	[a'lʲumna]
scholier (de)	escolar (m)	[esko'lʲar]
scholiere (de)	escolar (f)	[esko'lʲar]
leren (lesgeven)	enseñar (vt)	[ense'njar]
studeren (bijv. een taal ~)	aprender (vt)	[apren'der]
van buiten leren	aprender de memoria	[apren'der de me'moria]
leren (bijv. ~ tellen)	aprender (vt)	[apren'der]
in school zijn (schooljongen zijn)	estar en la escuela	[es'tar en lʲa esku'elʲa]
naar school gaan	ir a la escuela	[ir a lʲa esku'elʲa]
alfabet (het)	alfabeto (m)	[alʲfa'βeto]
vak (schoolvak)	materia (f)	[ma'teria]
klaslokaal (het)	aula (f)	[aulʲa]
les (de)	lección (f)	[lek'θjon]
pauze (de)	recreo (m)	[re'kreo]
bel (de)	campana (f)	[kam'pana]
schooltafel (de)	pupitre (m)	[pu'pitre]
schoolbord (het)	pizarra (f)	[pi'θara]
cijfer (het)	nota (f)	['nota]
goed cijfer (het)	buena nota (f)	[bu'ena 'nota]
slecht cijfer (het)	mala nota (f)	['malʲa 'nota]
een cijfer geven	poner una nota	[po'ner 'una 'nota]
fout (de)	falta (f)	['falʲta]
fouten maken	hacer faltas	[a'θer 'falʲtas]
corrigeren (fouten ~)	corregir (vt)	[kore'χir]
spiekbriefje (het)	chuleta (f)	[tʃu'leta]
huiswerk (het)	deberes (m pl) de casa	[de'βeres de 'kasa]
oefening (de)	ejercicio (m)	[eχer'θiθio]
aanwezig zijn (ww)	estar presente	[es'tar pre'sente]
absent zijn (ww)	estar ausente	[es'tar au'sente]
school verzuimen	faltar a las clases	[falʲ'tar a lʲas 'klʲases]
bestraffen (een stout kind ~)	castigar (vt)	[kasti'gar]
bestraffing (de)	castigo (m)	[kas'tigo]

gedrag (het)	conducta (f)	[kon'dukta]
cijferlijst (de)	libreta (f) de notas	[li'βreta de 'notas]
potlood (het)	lápiz (m)	['lʲapiθ]
gom (de)	goma (f) de borrar	['goma de bo'rar]
krijt (het)	tiza (f)	['tiθa]
pennendoos (de)	cartuchera (f)	[kartu'ʧera]
boekentas (de)	mochila (f)	[mo'ʧilʲa]
pen (de)	bolígrafo (m)	[bo'liɣrafo]
schrift (de)	cuaderno (m)	[kua'ðerno]
leerboek (het)	manual (m)	[manu'alʲ]
passer (de)	compás (m)	[kom'pas]
technisch tekenen (ww)	trazar (vi, vt)	[tra'θar]
technische tekening (de)	dibujo (m) técnico	[di'βuxo 'tekniko]
gedicht (het)	poema (m), poesía (f)	[po'ema], [poe'sia]
van buiten (bw)	de memoria (adv)	[de me'moria]
van buiten leren	aprender de memoria	[apren'der de me'moria]
vakantie (de)	vacaciones (f pl)	[baka'θjones]
met vakantie zijn	estar de vacaciones	[es'tar de baka'θjones]
vakantie doorbrengen	pasar las vacaciones	[pa'sar lʲas baka'θjones]
toets (schriftelijke ~)	prueba (f) escrita	[pru'eβa es'krita]
opstel (het)	composición (f)	[komposi'θjon]
dictee (het)	dictado (m)	[dik'taðo]
examen (het)	examen (m)	[e'ksamen]
examen afleggen	hacer un examen	[a'θer un e'ksamen]
experiment (het)	experimento (m)	[ekspiri'mento]

95. Hogeschool. Universiteit

academie (de)	academia (f)	[aka'ðemia]
universiteit (de)	universidad (f)	[uniβersi'ðað]
faculteit (de)	facultad (f)	[fakulʲ'tað]
student (de)	estudiante (m)	[estu'ðjante]
studente (de)	estudiante (f)	[estu'ðjante]
leraar (de)	profesor (m)	[profe'sor]
collegezaal (de)	aula (f)	['aulʲa]
afgestudeerde (de)	graduado (m)	[graðu'aðo]
diploma (het)	diploma (m)	[di'plʲoma]
dissertatie (de)	tesis (f) de grado	['tesis de 'graðo]
onderzoek (het)	estudio (m)	[es'tuðio]
laboratorium (het)	laboratorio (m)	[lʲaβora'torio]
college (het)	clase (f)	['klʲase]
medestudent (de)	compañero (m) de curso	[kompa'njero de 'kurso]
studiebeurs (de)	beca (f)	['beka]
academische graad (de)	grado (m) académico	['graðo aka'ðemiko]

96. Wetenschappen. Disciplines

wiskunde (de)	matemáticas (f pl)	[mate'matikas]
algebra (de)	álgebra (f)	['alxeβra]
meetkunde (de)	geometría (f)	[xeome'tria]
astronomie (de)	astronomía (f)	[astrono'mia]
biologie (de)	biología (f)	[biolʲo'xia]
geografie (de)	geografía (f)	[xeoɣra'fia]
geologie (de)	geología (f)	[xeolʲo'xia]
geschiedenis (de)	historia (f)	[is'toria]
geneeskunde (de)	medicina (f)	[meði'θina]
pedagogiek (de)	pedagogía (f)	[peðago'xia]
rechten (mv.)	derecho (m)	[de'retʃo]
fysica, natuurkunde (de)	física (f)	['fisika]
scheikunde (de)	química (f)	['kimika]
filosofie (de)	filosofía (f)	[filʲoso'fia]
psychologie (de)	psicología (f)	[sikolʲo'xia]

97. Schrift. Spelling

grammatica (de)	gramática (f)	[gra'matika]
vocabulaire (het)	vocabulario (m)	[bokaβu'lʲario]
fonetiek (de)	fonética (f)	[fo'netika]
zelfstandig naamwoord (het)	sustantivo (m)	[sustan'tiβo]
bijvoeglijk naamwoord (het)	adjetivo (m)	[aðxe'tiβo]
werkwoord (het)	verbo (m)	['berβo]
bijwoord (het)	adverbio (m)	[að'βerβio]
voornaamwoord (het)	pronombre (m)	[pro'nombre]
tussenwerpsel (het)	interjección (f)	[interxek'θjon]
voorzetsel (het)	preposición (f)	[preposi'θjon]
stam (de)	raíz (f), radical (m)	[ra'iθ], [raði'kalʲ]
achtervoegsel (het)	desinencia (f)	[desi'nenθia]
voorvoegsel (het)	prefijo (m)	[pre'fixo]
lettergreep (de)	sílaba (f)	['silʲaβa]
achtervoegsel (het)	sufijo (m)	[su'fixo]
nadruk (de)	acento (m)	[a'θento]
afkappingsteken (het)	apóstrofo (m)	[a'postrofo]
punt (de)	punto (m)	['punto]
komma (de/het)	coma (m)	['koma]
puntkomma (de)	punto y coma	['punto i 'koma]
dubbelpunt (de)	dos puntos (m pl)	[dos 'puntos]
beletselteken (het)	puntos (m pl) suspensivos	['puntos suspen'siβos]
vraagteken (het)	signo (m) de interrogación	['siɣno de interoga'θjon]
uitroepteken (het)	signo (m) de admiración	['siɣno de aðmira'θjon]

aanhalingstekens (mv.)	comillas (f pl)	[ko'mijas]
tussen aanhalingstekens (bw)	entre comillas	['entre ko'mijas]
haakjes (mv.)	paréntesis (m)	[pa'rentesis]
tussen haakjes (bw)	entre paréntesis	['entre pa'rentesis]
streepje (het)	guión (m)	[gi'jon]
gedachtestreepje (het)	raya (f)	['raja]
spatie (~ tussen twee woorden)	blanco (m)	['blʲaŋko]
letter (de)	letra (f)	['letra]
hoofdletter (de)	letra (f) mayúscula	['letra ma'juskulʲa]
klinker (de)	vocal (f)	[bo'kalʲ]
medeklinker (de)	consonante (m)	[konso'nante]
zin (de)	oración (f)	[ora'θjon]
onderwerp (het)	sujeto (m)	[su'χeto]
gezegde (het)	predicado (m)	[preði'kaðo]
regel (in een tekst)	línea (f)	['linea]
op een nieuwe regel (bw)	en una nueva línea	[en 'una nu'eβa 'linea]
alinea (de)	párrafo (m)	['parafo]
woord (het)	palabra (f)	[pa'lʲaβra]
woordgroep (de)	combinación (f) de palabras	[kombina'θjon de pa'lʲaβras]
uitdrukking (de)	expresión (f)	[ekspre'θjon]
synoniem (het)	sinónimo (m)	[si'nonimo]
antoniem (het)	antónimo (m)	[an'tonimo]
regel (de)	regla (f)	['reɣlʲa]
uitzondering (de)	excepción (f)	[ekθep'θjon]
correct (bijv. ~e spelling)	correcto (adj)	[ko'rekto]
vervoeging, conjugatie (de)	conjugación (f)	[konχuga'θjon]
verbuiging, declinatie (de)	declinación (f)	[deklina'θjon]
naamval (de)	caso (m)	['kaso]
vraag (de)	pregunta (f)	[pre'gunta]
onderstrepen (ww)	subrayar (vt)	[suβra'jar]
stippellijn (de)	línea (f) de puntos	['linea de 'puntos]

98. Vreemde talen

taal (de)	lengua (f)	['lengua]
vreemd (bn)	extranjero (adj)	[ekstran'χero]
vreemde taal (de)	lengua (f) extranjera	['lengua ekstran'χera]
leren (bijv. van buiten ~)	estudiar (vt)	[estu'ðjar]
studeren (Nederlands ~)	aprender (vt)	[apren'der]
lezen (ww)	leer (vi, vt)	[le'er]
spreken (ww)	hablar (vi, vt)	[a'βlʲar]
begrijpen (ww)	comprender (vt)	[kompren'der]
schrijven (ww)	escribir (vt)	[eskri'βir]
snel (bw)	rápidamente (adv)	['rapiða'mente]

langzaam (bw)	**lentamente** (adv)	[lenta'mente]
vloeiend (bw)	**con fluidez** (adv)	[kon flʲui'ðeθ]
regels (mv.)	**reglas** (f pl)	['reɣlʲas]
grammatica (de)	**gramática** (f)	[gra'matika]
vocabulaire (het)	**vocabulario** (m)	[bokaβu'lʲario]
fonetiek (de)	**fonética** (f)	[fo'netika]
leerboek (het)	**manual** (m)	[manu'alʲ]
woordenboek (het)	**diccionario** (m)	[dikθjo'nario]
leerboek (het) voor zelfstudie	**manual** (m) **autodidáctico**	[manu'alʲ autoði'ðaktiko]
taalgids (de)	**guía** (f) **de conversación**	['gia de kombersa'θjon]
cassette (de)	**casete** (m)	[ka'sete]
videocassette (de)	**videocasete** (f)	[biðeo·ka'sete]
CD (de)	**disco compacto** (m)	['disko kom'pakto]
DVD (de)	**DVD** (m)	[deβe'de]
alfabet (het)	**alfabeto** (m)	[alʲfa'βeto]
spellen (ww)	**deletrear** (vt)	[deletre'ar]
uitspraak (de)	**pronunciación** (f)	[pronunθja'θjon]
accent (het)	**acento** (m)	[a'θento]
met een accent (bw)	**con acento**	[kon a'θento]
zonder accent (bw)	**sin acento**	[sin a'θento]
woord (het)	**palabra** (f)	[pa'lʲaβra]
betekenis (de)	**significado** (m)	[siɣnifi'kaðo]
cursus (de)	**cursos** (m pl)	['kursos]
zich inschrijven (ww)	**inscribirse** (vr)	[inskri'βirse]
leraar (de)	**profesor** (m)	[profe'sor]
vertaling (een ~ maken)	**traducción** (f)	[traðuk'θjon]
vertaling (tekst)	**traducción** (f)	[traðuk'θjon]
vertaler (de)	**traductor** (m)	[traðuk'tor]
tolk (de)	**intérprete** (m)	[in'terprete]
polyglot (de)	**políglota** (m)	[po'liɣlʲota]
geheugen (het)	**memoria** (f)	[me'moria]

Rusten. Entertainment. Reizen

99. Trip. Reizen

toerisme (het)	turismo (m)	[tu'rismo]
toerist (de)	turista (m)	[tu'rista]
reis (de)	viaje (m)	['bjaxe]
avontuur (het)	aventura (f)	[aβen'tura]
tocht (de)	viaje (m)	['bjaxe]
vakantie (de)	vacaciones (f pl)	[baka'θjones]
met vakantie zijn	estar de vacaciones	[es'tar de baka'θjones]
rust (de)	descanso (m)	[des'kanso]
trein (de)	tren (m)	['tren]
met de trein	en tren	[en 'tren]
vliegtuig (het)	avión (m)	[a'βjon]
met het vliegtuig	en avión	[en a'βjon]
met de auto	en coche	[en 'kotʃe]
per schip (bw)	en barco	[en 'barko]
bagage (de)	equipaje (m)	[eki'paxe]
valies (de)	maleta (f)	[ma'leta]
bagagekarretje (het)	carrito (m) de equipaje	[ka'rito de eki'paxe]
paspoort (het)	pasaporte (m)	[pasa'porte]
visum (het)	visado (m)	[bi'saðo]
kaartje (het)	billete (m)	[bi'jete]
vliegticket (het)	billete (m) de avión	[bi'jete de a'βjon]
reisgids (de)	guía (f)	['gia]
kaart (de)	mapa (m)	['mapa]
gebied (landelijk ~)	área (f)	['area]
plaats (de)	lugar (m)	[lʲu'gar]
exotische bestemming (de)	exotismo (m)	[ekso'tismo]
exotisch (bn)	exótico (adj)	[e'ksotiko]
verwonderlijk (bn)	asombroso (adj)	[asom'broso]
groep (de)	grupo (m)	['grupo]
rondleiding (de)	excursión (f)	[eskur'θjon]
gids (de)	guía (m)	['gia]

100. Hotel

hotel (het)	hotel (m)	[o'telʲ]
motel (het)	motel (m)	[mo'telʲ]
3-sterren	de tres estrellas	[de 'tres es'trejas]

Nederlands	Spaans	Uitspraak
5-sterren	de cinco estrellas	[de 'θiŋko es'trejas]
overnachten (ww)	hospedarse (vr)	[ospe'ðarse]
kamer (de)	habitación (f)	[aβita'θjon]
eenpersoonskamer (de)	habitación (f) individual	[aβita'θjon indiβiðu'alʲ]
tweepersoonskamer (de)	habitación (f) doble	[aβita'θjon 'doβle]
een kamer reserveren	reservar una habitación	[reser'βar 'una aβita'θjon]
halfpension (het)	media pensión (f)	['meðia pen'θjon]
volpension (het)	pensión (f) completa	[pen'θjon kom'pleta]
met badkamer	con baño	[kon 'banjo]
met douche	con ducha	[kon 'dutʃa]
satelliet-tv (de)	televisión (f) satélite	[teleβi'θjon sa'telite]
airconditioner (de)	climatizador (m)	[klimatiθa'ðor]
handdoek (de)	toalla (f)	[to'aja]
sleutel (de)	llave (f)	['jaβe]
administrateur (de)	administrador (m)	[aðministra'ðor]
kamermeisje (het)	camarera (f)	[kama'rera]
piccolo (de)	maletero (m)	[male'tero]
portier (de)	portero (m)	[por'tero]
restaurant (het)	restaurante (m)	[restau'rante]
bar (de)	bar (m)	[bar]
ontbijt (het)	desayuno (m)	[desa'juno]
avondeten (het)	cena (f)	['θena]
buffet (het)	buffet (m) libre	[bu'fet 'liβre]
hal (de)	vestíbulo (m)	[bes'tiβulʲo]
lift (de)	ascensor (m)	[aθen'sor]
NIET STOREN	NO MOLESTAR	[no moles'tar]
VERBODEN TE ROKEN!	PROHIBIDO FUMAR	[proi'βiðo fu'mar]

TECHNISCHE APPARATUUR. VERVOER

Technische apparatuur

101. Computer

computer (de)	ordenador (m)	[orðena'ðor]
laptop (de)	ordenador (m) portátil	[orðena'ðor por'tatilʲ]
aanzetten (ww)	encender (vt)	[enθen'der]
uitzetten (ww)	apagar (vt)	[apa'gar]
toetsenbord (het)	teclado (m)	[te'klʲaðo]
toets (enter~)	tecla (f)	['teklʲa]
muis (de)	ratón (m)	[ra'ton]
muismat (de)	alfombrilla (f) para ratón	[alʲfom'brija 'para ra'ton]
knopje (het)	botón (m)	[bo'ton]
cursor (de)	cursor (m)	[kur'sor]
monitor (de)	monitor (m)	[moni'tor]
scherm (het)	pantalla (f)	[pan'taja]
harde schijf (de)	disco (m) duro	['disko 'duro]
volume (het) van de harde schijf	volumen (m) de disco duro	[bo'lʲumen de 'disko 'duro]
geheugen (het)	memoria (f)	[me'moria]
RAM-geheugen (het)	memoria (f) operativa	[me'morja opera'tiβa]
bestand (het)	archivo, fichero (m)	[ar'ʧiβo], [fi'ʧero]
folder (de)	carpeta (f)	[kar'peta]
openen (ww)	abrir (vt)	[a'βrir]
sluiten (ww)	cerrar (vt)	[θe'rar]
opslaan (ww)	guardar (vt)	[guar'ðar]
verwijderen (wissen)	borrar (vt)	[bo'rar]
kopiëren (ww)	copiar (vt)	[ko'pjar]
sorteren (ww)	ordenar (vt)	[orðe'nar]
overplaatsen (ww)	transferir (vt)	[transfe'rir]
programma (het)	programa (m)	[pro'ɣrama]
software (de)	software (m)	['sofwer]
programmeur (de)	programador (m)	[proɣrama'ðor]
programmeren (ww)	programar (vt)	[proɣra'mar]
hacker (computerkraker)	hacker (m)	['aker]
wachtwoord (het)	contraseña (f)	[kontra'senja]
virus (het)	virus (m)	['birus]
ontdekken (virus ~)	detectar (vt)	[detek'tar]

byte (de)	octeto, byte (m)	[ok'teto], ['βajt]
megabyte (de)	megabyte (m)	[mega'βajt]
data (de)	datos (m pl)	['datos]
databank (de)	base (f) de datos	['base de 'datos]
kabel (USB-~, enz.)	cable (m)	['kaβle]
afsluiten (ww)	desconectar (vt)	[deskonek'tar]
aansluiten op (ww)	conectar (vt)	[konek'tar]

102. Internet. E-mail

internet (het)	internet (m), red (f)	[inter'net], [reð]
browser (de)	navegador (m)	[naβega'ðor]
zoekmachine (de)	buscador (m)	[buska'ðor]
internetprovider (de)	proveedor (m)	[proβee'ðor]
webmaster (de)	webmaster (m)	[weβ'master]
website (de)	sitio (m) web	['sitio weβ]
webpagina (de)	página (f) web	['paxina weβ]
adres (het)	dirección (f)	[direk'θjon]
adresboek (het)	libro (m) de direcciones	['liβro de direk'θjones]
postvak (het)	buzón (m)	[bu'θon]
post (de)	correo (m)	[ko'reo]
vol (~ postvak)	lleno (adj)	['jeno]
bericht (het)	mensaje (m)	[men'saxe]
binnenkomende berichten (mv.)	correo (m) entrante	[ko'reo en'trante]
uitgaande berichten (mv.)	correo (m) saliente	[ko'reo sa'ljente]
verzender (de)	expedidor (m)	[ekspeði'ðor]
verzenden (ww)	enviar (vt)	[em'bjar]
verzending (de)	envío (m)	[em'bio]
ontvanger (de)	destinatario (m)	[destina'tario]
ontvangen (ww)	recibir (vt)	[reθi'βir]
correspondentie (de)	correspondencia (f)	[korespon'denθia]
corresponderen (met ...)	escribirse con ...	[eskri'βirse kon]
bestand (het)	archivo, fichero (m)	[ar'tʃiβo], [fi'tʃero]
downloaden (ww)	descargar (vt)	[deskar'gar]
creëren (ww)	crear (vt)	[kre'ar]
verwijderen (een bestand ~)	borrar (vt)	[bo'rar]
verwijderd (bn)	borrado (adj)	[bo'raðo]
verbinding (de)	conexión (f)	[konek'θjon]
snelheid (de)	velocidad (f)	[belʲoθi'ðað]
modem (de)	módem (m)	['moðem]
toegang (de)	acceso (m)	[ak'θeso]
poort (de)	puerto (m)	[pu'erto]

aansluiting (de)	conexión (f)	[konek'θjon]
zich aansluiten (ww)	conectarse a ...	[konek'tarse a]
selecteren (ww)	seleccionar (vt)	[selekθjo'nar]
zoeken (ww)	buscar (vt)	[bus'kar]

103. Elektriciteit

elektriciteit (de)	electricidad (f)	[elektriθi'ðað]
elektrisch (bn)	eléctrico (adj)	[e'lektriko]
elektriciteitscentrale (de)	central (f) eléctrica	[θen'tralʲ e'lektrika]
energie (de)	energía (f)	[ener'xia]
elektrisch vermogen (het)	energía (f) eléctrica	[ener'xia e'lektrika]
lamp (de)	bombilla (f)	[bom'bija]
zaklamp (de)	linterna (f)	[lin'terna]
straatlantaarn (de)	farola (f)	[fa'rolʲa]
licht (elektriciteit)	luz (f)	[lʲuθ]
aandoen (ww)	encender (vt)	[enθen'der]
uitdoen (ww)	apagar (vt)	[apa'gar]
het licht uitdoen	apagar la luz	[apa'gar lʲa lʲuθ]
doorbranden (gloeilamp)	quemarse (vr)	[ke'marse]
kortsluiting (de)	circuito (m) corto	[θir'kuito 'korto]
onderbreking (de)	ruptura (f)	[rup'tura]
contact (het)	contacto (m)	[kon'takto]
schakelaar (de)	interruptor (m)	[interup'tor]
stopcontact (het)	enchufe (m)	[en'ʧufe]
stekker (de)	clavija (f)	[klʲa'βixa]
verlengsnoer (de)	alargador (m)	[alʲarga'ðor]
zekering (de)	fusible (m)	[fu'siβle]
kabel (de)	cable, hilo (m)	['kaβle], ['ilʲo]
bedrading (de)	instalación (f) eléctrica	[instalʲa'θjon e'lektrika]
ampère (de)	amperio (m)	[am'perio]
stroomsterkte (de)	amperaje (m)	[ampe'raxe]
volt (de)	voltio (m)	['bolʲtio]
spanning (de)	voltaje (m)	[bolʲ'taxe]
elektrisch toestel (het)	aparato (m) eléctrico	[apa'rato e'lektriko]
indicator (de)	indicador (m)	[indika'ðor]
elektricien (de)	electricista (m)	[elektri'θista]
solderen (ww)	soldar (vt)	[solʲ'ðar]
soldeerbout (de)	soldador (m)	[solʲda'ðor]
stroom (de)	corriente (f)	[ko'rjente]

104. Gereedschappen

werktuig (stuk gereedschap)	instrumento (m)	[instru'mento]
gereedschap (het)	instrumentos (m pl),	[instru'mentos],
	herramientas (f pl)	[era'mjentas]

uitrusting (de)	maquinaria (f)	[maki'naria]
hamer (de)	martillo (m)	[mar'tijo]
schroevendraaier (de)	destornillador (m)	[destornija'ðor]
bijl (de)	hacha (f)	['atʃa]
zaag (de)	sierra (f)	['sjera]
zagen (ww)	serrar (vt)	[se'rar]
schaaf (de)	cepillo (m)	[θe'pijo]
schaven (ww)	cepillar (vt)	[θepi'jar]
soldeerbout (de)	soldador (m)	[solʲda'ðor]
solderen (ww)	soldar (vt)	[solʲ'ðar]
vijl (de)	lima (f)	['lima]
nijptang (de)	tenazas (f pl)	[te'naθas]
combinatietang (de)	alicates (m pl)	[ali'kates]
beitel (de)	escoplo (m)	[es'koplʲo]
boorkop (de)	broca (f)	['broka]
boormachine (de)	taladro (m)	[ta'lʲaðro]
boren (ww)	taladrar (vi, vt)	[talʲa'ðrar]
mes (het)	cuchillo (m)	[ku'tʃijo]
zakmes (het)	navaja (f)	[na'βaχa
lemmet (het)	filo (m)	['filʲo]
scherp (bijv. ~ mes)	agudo (adj)	[a'guðo]
bot (bn)	embotado (adj)	[embo'taðo]
bot raken (ww)	embotarse (vr)	[embo'tarse]
slijpen (een mes ~)	afilar (vt)	[afi'lʲar]
bout (de)	perno (m)	['perno]
moer (de)	tuerca (f)	[tu'erka]
schroefdraad (de)	filete (m)	[fi'lete]
houtschroef (de)	tornillo (m)	[tor'nijo]
spijker (de)	clavo (m)	['klʲaβo]
kop (de)	cabeza (f) del clavo	[ka'βeθa delʲ 'klʲaβo]
liniaal (de/het)	regla (f)	['reɣlʲa]
rolmeter (de)	cinta (f) métrica	['θinta 'metrika]
waterpas (de/het)	nivel (m) de burbuja	[ni'βelʲ de bur'βuχa]
loep (de)	lupa (f)	['lʲupa]
meetinstrument (het)	aparato (m) de medida	[apa'rato de me'ðiða]
opmeten (ww)	medir (vt)	[me'ðir]
schaal (meetschaal)	escala (f)	[es'kalʲa]
gegevens (mv.)	lectura (f)	[lek'tura]
compressor (de)	compresor (m)	[kompre'sor]
microscoop (de)	microscopio (m)	[mikros'kopio]
pomp (de)	bomba (f)	['bomba]
robot (de)	robot (m)	[ro'βot]
laser (de)	láser (m)	['lʲaser]
moersleutel (de)	llave (f) de tuerca	['jaβe de tu'erka]
plakband (de)	cinta (f) adhesiva	['θinta aðe'siβa]

lijm (de)	cola (f), pegamento (m)	['kolʲa], [pega'mento]
schuurpapier (het)	papel (m) de lija	[pa'pelʲ de 'liχa]
veer (de)	resorte (m)	[re'sorte]
magneet (de)	imán (m)	[i'man]
handschoenen (mv.)	guantes (m pl)	[gu'antes]
touw (bijv. henneptouw)	cuerda (f)	[ku'erða]
snoer (het)	cordón (m)	[kor'ðon]
draad (de)	hilo (m)	['ilʲo]
kabel (de)	cable (m)	['kaβle]
moker (de)	almádana (f)	[alʲ'maðana]
breekijzer (het)	barra (f)	['bara]
ladder (de)	escalera (f) portátil	[eska'lera por'tatilʲ]
trapje (inklapbaar ~)	escalera (f) de tijera	[eska'lera de ti'χera]
aanschroeven (ww)	atornillar (vt)	[atorni'jar]
losschroeven (ww)	destornillar (vt)	[destorni'jar]
dichtpersen (ww)	apretar (vt)	[apre'tar]
vastlijmen (ww)	pegar (vt)	[pe'gar]
snijden (ww)	cortar (vt)	[kor'tar]
defect (het)	fallo (m)	['fajo]
reparatie (de)	reparación (f)	[repara'θjon]
repareren (ww)	reparar (vt)	[repa'rar]
regelen (een machine ~)	regular, ajustar (vt)	[regu'lʲar], [aχus'tar]
checken (ww)	verificar (vt)	[berifi'kar]
controle (de)	control (m)	[kon'trolʲ]
gegevens (mv.)	lectura (f)	[lek'tura]
degelijk (bijv. ~ machine)	fiable (adj)	['fjaβle]
ingewikkeld (bn)	complicado (adj)	[kompli'kaðo]
roesten (ww)	oxidarse (vr)	[oksi'ðarse]
roestig (bn)	oxidado (adj)	[oksi'ðaðo]
roest (de/het)	óxido (m)	['oksiðo]

Vervoer

105. Vliegtuig

vliegtuig (het)	avión (m)	[a'βjon]
vlieticket (het)	billete (m) de avión	[bi'jete de a'βjon]
luchtvaartmaatschappij (de)	compañía (f) aérea	[kompa'njia a'erea]
luchthaven (de)	aeropuerto (m)	[aeropu'erto]
supersonisch (bn)	supersónico (adj)	[super'soniko]
gezagvoerder (de)	comandante (m)	[koman'dante]
bemanning (de)	tripulación (f)	[tripulʲa'θjon]
piloot (de)	piloto (m)	[pi'lʲoto]
stewardess (de)	azafata (f)	[aθa'fata]
stuurman (de)	navegador (m)	[naβega'ðor]
vleugels (mv.)	alas (f pl)	['alʲas]
staart (de)	cola (f)	['kolʲa]
cabine (de)	cabina (f)	[ka'βina]
motor (de)	motor (m)	[mo'tor]
landingsgestel (het)	tren (m) de aterrizaje	['tren de ateri'θaχe]
turbine (de)	turbina (f)	[tur'βina]
propeller (de)	hélice (f)	['eliθe]
zwarte doos (de)	caja (f) negra	['kaχa 'neɣra]
stuur (het)	timón (m)	[ti'mon]
brandstof (de)	combustible (m)	[kombus'tiβle]
veiligheidskaart (de)	instructivo (m) de seguridad	[instruk'tiβo de seguri'ðað]
zuurstofmasker (het)	respirador (m) de oxígeno	[respira'ðor de o'ksiχeno]
uniform (het)	uniforme (m)	[uni'forme]
reddingsvest (de)	chaleco (m) salvavidas	[tʃa'leko salʲβa'βiðas]
parachute (de)	paracaídas (m)	[paraka'iðas]
opstijgen (het)	despegue (m)	[des'pege]
opstijgen (ww)	despegar (vi)	[despe'gar]
startbaan (de)	pista (f) de despegue	['pista de des'pege]
zicht (het)	visibilidad (f)	[bisiβili'ðað]
vlucht (de)	vuelo (m)	[bu'elʲo]
hoogte (de)	altura (f)	[alʲ'tura]
luchtzak (de)	pozo (m) de aire	['poθo de 'aire]
plaats (de)	asiento (m)	[a'sjento]
koptelefoon (de)	auriculares (m pl)	[auriku'lʲares]
tafeltje (het)	mesita (f) plegable	[me'sita ple'gaβle]
venster (het)	ventana (f)	[ben'tana]
gangpad (het)	pasillo (m)	[pa'sijo]

106. Trein

trein (de)	tren (m)	['tren]
elektrische trein (de)	tren (m) de cercanías	['tren de θerka'nias]
sneltrein (de)	tren (m) rápido	['tren 'rapiðo]
diesellocomotief (de)	locomotora (f) diésel	[lʲokomo'tora 'djeselʲ]
stoomlocomotief (de)	tren (m) de vapor	['tren de ba'por]
rijtuig (het)	coche (m)	['kotʃe]
restauratierijtuig (het)	coche restaurante (m)	['kotʃe restau'rante]
rails (mv.)	rieles (m pl)	['rjeles]
spoorweg (de)	ferrocarril (m)	[feroka'rilʲ]
dwarsligger (de)	traviesa (f)	[tra'βjesa]
perron (het)	plataforma (f)	[plʲata'forma]
spoor (het)	vía (f)	['bia]
semafoor (de)	semáforo (m)	[se'maforo]
halte (bijv. kleine treinhalte)	estación (f)	[esta'θjon]
machinist (de)	maquinista (m)	[maki'nista]
kruier (de)	maletero (m)	[male'tero]
conducteur (de)	mozo (m) del vagón	['moθo delʲ ba'ɣon]
passagier (de)	pasajero (m)	[pasa'χero]
controleur (de)	revisor (m)	[reβi'sor]
gang (in een trein)	corredor (m)	[kore'ðor]
noodrem (de)	freno (m) de urgencia	['freno de ur'χenθia]
coupé (de)	compartimiento (m)	[komparti'mjento]
bed (slaapplaats)	litera (f)	[li'tera]
bovenste bed (het)	litera (f) de arriba	[li'tera de a'riβa]
onderste bed (het)	litera (f) de abajo	[li'tera de a'βaχo]
beddengoed (het)	ropa (f) de cama	['ropa de 'kama]
kaartje (het)	billete (m)	[bi'jete]
dienstregeling (de)	horario (m)	[o'rario]
informatiebord (het)	pantalla (f) de información	[pan'taja de iɱforma'θjon]
vertrekken (De trein vertrekt …)	partir (vi)	[par'tir]
vertrek (ov. een trein)	partida (f)	[par'tiða]
aankomen (ov. de treinen)	llegar (vi)	[je'gar]
aankomst (de)	llegada (f)	[je'gaða]
aankomen per trein	llegar en tren	[je'gar en 'tren]
in de trein stappen	tomar el tren	[to'mar elʲ 'tren]
uit de trein stappen	bajar del tren	[ba'χar delʲ 'tren]
treinwrak (het)	descarrilamiento (m)	[deskarilʲa'mjento]
ontspoord zijn	descarrilarse (vr)	[deskari'lʲarse]
stoomlocomotief (de)	tren (m) de vapor	['tren de ba'por]
stoker (de)	fogonero (m)	[fogo'nero]
stookplaats (de)	hogar (m)	[o'gar]
steenkool (de)	carbón (m)	[kar'βon]

107. Schip

Nederlands	Spaans	Uitspraak
schip (het)	barco, buque (m)	['barko], ['buke]
vaartuig (het)	navío (m)	[na'βio]
stoomboot (de)	buque (m) de vapor	['buke de ba'por]
motorschip (het)	motonave (f)	[moto'naβe]
lijnschip (het)	trasatlántico (m)	[trasat'lʲantiko]
kruiser (de)	crucero (m)	[kru'θero]
jacht (het)	yate (m)	['jate]
sleepboot (de)	remolcador (m)	[remolʲka'ðor]
duwbak (de)	barcaza (f)	[bar'kaθa]
ferryboot (de)	ferry (m)	['feri]
zeilboot (de)	velero (m)	[be'lero]
brigantijn (de)	bergantín (m)	[bergan'tin]
ijsbreker (de)	rompehielos (m)	[rompe·'jelʲos]
duikboot (de)	submarino (m)	[suβma'rino]
boot (de)	bote (m)	['bote]
sloep (de)	bote (m)	['bote]
reddingssloep (de)	bote (m) salvavidas	['bote salʲβa'βiðas]
motorboot (de)	lancha (f) motora	['lʲantʃa mo'tora]
kapitein (de)	capitán (m)	[kapi'tan]
zeeman (de)	marinero (m)	[mari'nero]
matroos (de)	marino (m)	[ma'rino]
bemanning (de)	tripulación (f)	[tripulʲa'θjon]
bootsman (de)	contramaestre (m)	[kontrama'estre]
scheepsjongen (de)	grumete (m)	[gru'mete]
kok (de)	cocinero (m) de abordo	[koθi'nero de a'βorðo]
scheepsarts (de)	médico (m) del buque	['meðiko delʲ 'buke]
dek (het)	cubierta (f)	[ku'βjerta]
mast (de)	mástil (m)	['mastilʲ]
zeil (het)	vela (f)	['belʲa]
ruim (het)	bodega (f)	[bo'ðega]
voorsteven (de)	proa (f)	['proa]
achtersteven (de)	popa (f)	['popa]
roeispaan (de)	remo (m)	['remo]
schroef (de)	hélice (f)	['eliθe]
kajuit (de)	camarote (m)	[kama'rote]
officierskamer (de)	sala (f) de oficiales	['salʲa de ofi'θjales]
machinekamer (de)	sala (f) de máquinas	['salʲa de 'makinas]
brug (de)	puente (m) de mando	[pu'ente de 'mando]
radiokamer (de)	sala (f) de radio	['salʲa de 'raðio]
radiogolf (de)	onda (f)	['onda]
logboek (het)	cuaderno (m) de bitácora	[kua'ðerno de bi'takora]
verrekijker (de)	anteojo (m)	[ante'oχo]
klok (de)	campana (f)	[kam'pana]

vlag (de)	bandera (f)	[ban'dera]
kabel (de)	cabo (m)	['kaβo]
knoop (de)	nudo (m)	['nuðo]

| leuning (de) | pasamano (m) | [pasa'mano] |
| trap (de) | pasarela (f) | [pasa'relʲa] |

anker (het)	ancla (f)	['aŋklʲa]
het anker lichten	levar ancla	[le'βar 'aŋklʲa]
het anker neerlaten	echar ancla	[e'ʧar 'aŋklʲa]
ankerketting (de)	cadena (f) del ancla	[ka'ðena delʲ 'aŋklʲa]

haven (bijv. containerhaven)	puerto (m)	[pu'erto]
kaai (de)	embarcadero (m)	[embarka'ðero]
aanleggen (ww)	amarrar (vt)	[ama'rar]
wegvaren (ww)	desamarrar (vt)	[desama'rar]

reis (de)	viaje (m)	['bjaχe]
cruise (de)	crucero (m)	[kru'θero]
koers (de)	derrota (f)	[de'rota]
route (de)	itinerario (m)	[itine'rario]

vaarwater (het)	canal (m) navegable	[ka'nalʲ naβe'gaβle]
zandbank (de)	bajío (m)	[ba'χio]
stranden (ww)	encallar (vi)	[eŋka'jar]

storm (de)	tempestad (f)	[tempes'tað]
signaal (het)	señal (f)	[se'njalʲ]
zinken (ov. een boot)	hundirse (vr)	[un'dirse]
Man overboord!	¡Hombre al agua!	['ombre alʲ 'agua]
SOS (noodsignaal)	SOS	['ese o 'ese]
reddingsboei (de)	aro (m) salvavidas	['aro salʲβa'βiðas]

108. Vliegveld

luchthaven (de)	aeropuerto (m)	[aeropu'erto]
vliegtuig (het)	avión (m)	[a'βjon]
luchtvaartmaatschappij (de)	compañía (f) aérea	[kompa'njia a'erea]
luchtverkeersleider (de)	controlador (m) aéreo	[kontrolʲa'ðor a'ereo]

vertrek (het)	despegue (m)	[des'pege]
aankomst (de)	llegada (f)	[je'gaða]
aankomen (per vliegtuig)	llegar (vi)	[je'gar]

| vertrektijd (de) | hora (f) de salida | ['ora de sa'liða] |
| aankomstuur (het) | hora (f) de llegada | ['ora de je'gaða] |

| vertraagd zijn (ww) | retrasarse (vr) | [retra'sarse] |
| vluchtvertraging (de) | retraso (m) de vuelo | [re'traso de bu'elʲo] |

informatiebord (het)	pantalla (f) de información	[pan'taja de imforma'θjon]
informatie (de)	información (f)	[imforma'θjon]
aankondigen (ww)	anunciar (vt)	[anun'θjar]
vlucht (bijv. KLM ~)	vuelo (m)	[bu'elʲo]

douane (de)	aduana (f)	[aðu'ana]
douanier (de)	aduanero (m)	[aðua'nero]
douaneaangifte (de)	declaración (f) de aduana	[deklʲara'θjon de aðu'ana]
een douaneaangifte invullen	rellenar la declaración	[reje'nar lʲa deklʲara'θjon]
paspoortcontrole (de)	control (m) de pasaportes	[kon'trolʲ de pasa'portes]
bagage (de)	equipaje (m)	[eki'paχe]
handbagage (de)	equipaje (m) de mano	[eki'paχe de 'mano]
bagagekarretje (het)	carrito (m) de equipaje	[ka'rito de eki'paχe]
landing (de)	aterrizaje (m)	[ateri'θaχe]
landingsbaan (de)	pista (f) de aterrizaje	['pista de ateri'θaχe]
landen (ww)	aterrizar (vi)	[ateri'θar]
vliegtuigtrap (de)	escaleras (f pl)	[eska'leras]
inchecken (het)	facturación (f), check-in (m)	[faktura'θjon], [tʃek·'in]
incheckbalie (de)	mostrador (m) de facturación	[mostra'ðor de faktura'θjon]
inchecken (ww)	hacer el check-in	[a'θer elʲ tʃek·'in]
instapkaart (de)	tarjeta (f) de embarque	[tar'χeta de em'barke]
gate (de)	puerta (f) de embarque	[pu'erta de em'barke]
transit (de)	tránsito (m)	['transito]
wachten (ww)	esperar (vt)	[espe'rar]
wachtzaal (de)	zona (f) de preembarque	['θona de preem'barke]
begeleiden (uitwuiven)	despedir (vt)	[despe'ðir]
afscheid nemen (ww)	despedirse (vr)	[despe'ðirse]

Gebeurtenissen in het leven

109. Vakanties. Evenement

feest (het)	fiesta (f)	['fjesta]
nationale feestdag (de)	fiesta (f) nacional	['fjesta naθjo'nalʲ]
feestdag (de)	día (m) de fiesta	['dia de 'fjesta]
herdenken (ww)	celebrar (vt)	[θele'βrar]

gebeurtenis (de)	evento (m)	[e'βento]
evenement (het)	medida (f)	[me'ðiða]
banket (het)	banquete (m)	[baŋ'kete]
receptie (de)	recepción (f)	[resep'θjon]
feestmaal (het)	festín (m)	[fes'tin]

verjaardag (de)	aniversario (m)	[aniβer'sario]
jubileum (het)	jubileo (m)	[χuβi'leo]

Nieuwjaar (het)	Año (m) Nuevo	['aɲo nu'eβo]
Gelukkig Nieuwjaar!	¡Feliz Año Nuevo!	[fe'liθ 'aɲo nu'eβo]
Sinterklaas (de)	Papá Noel (m)	[pa'pa no'elʲ]

Kerstfeest (het)	Navidad (f)	[naβi'ðað]
Vrolijk kerstfeest!	¡Feliz Navidad!	[fe'liθ naβi'ðað]
kerstboom (de)	árbol (m) de Navidad	['arβolʲ de naβi'ðað]
vuurwerk (het)	fuegos (m pl) artificiales	[fu'egos artifi'θjales]

bruiloft (de)	boda (f)	['boða]
bruidegom (de)	novio (m)	['noβio]
bruid (de)	novia (f)	['noβia]

uitnodigen (ww)	invitar (vt)	[imbi'tar]
uitnodigingskaart (de)	tarjeta (f) de invitación	[tar'χeta de imbita'θjon]

gast (de)	invitado (m)	[imbi'taðo]
op bezoek gaan	visitar (vt)	[bisi'tar]
gasten verwelkomen	recibir a los invitados	[reθi'βir a los imbi'taðos]

geschenk, cadeau (het)	regalo (m)	[re'galʲo]
geven (iets cadeau ~)	regalar (vt)	[rega'lʲar]
geschenken ontvangen	recibir regalos	[reθi'βir re'galʲos]
boeket (het)	ramo (m) de flores	['ramo de 'flʲores]

felicitaties (mv.)	felicitación (f)	[feliθita'θjon]
feliciteren (ww)	felicitar (vt)	[feliθi'tar]

wenskaart (de)	tarjeta (f) de felicitación	[tar'χeta de feliθita'θjon]
een kaartje versturen	enviar una tarjeta	[em'bjar 'una tar'χeta]
een kaartje ontvangen	recibir una tarjeta	[reθi'βir 'una tar'χeta]
toast (de)	brindis (m)	['brindis]

aanbieden (een drankje ~)	ofrecer (vt)	[ofre'θer]
champagne (de)	champaña (f)	[ʧam'panja]
plezier hebben (ww)	divertirse (vr)	[diβer'tirse]
plezier (het)	diversión (f)	[diβer'sjon]
vreugde (de)	alegría (f)	[ale'ɣria]
dans (de)	baile (m)	['bajle]
dansen (ww)	bailar (vi, vt)	[baj'lʲar]
wals (de)	vals (m)	[balʲs]
tango (de)	tango (m)	['tango]

110. Begrafenissen. Begrafenis

kerkhof (het)	cementerio (m)	[θemen'terio]
graf (het)	tumba (f)	['tumba]
kruis (het)	cruz (f)	[kruθ]
grafsteen (de)	lápida (f)	['lʲapiða]
omheining (de)	verja (f)	['berχa]
kapel (de)	capilla (f)	[ka'pija]
dood (de)	muerte (f)	[mu'erte]
sterven (ww)	morir (vi)	[mo'rir]
overledene (de)	difunto (m)	[di'funto]
rouw (de)	luto (m)	['lʲuto]
begraven (ww)	enterrar (vt)	[ente'rar]
begrafenisonderneming (de)	funeraria (f)	[fune'raria]
begrafenis (de)	entierro (m)	[en'tjero]
krans (de)	corona (f) funeraria	[ko'rona fune'raria]
doodskist (de)	ataúd (m)	[ata'uð]
lijkwagen (de)	coche (m) fúnebre	['kotʃe 'funeβre]
lijkkleed (de)	mortaja (f)	[mor'taχa]
begrafenisstoet (de)	cortejo (m) fúnebre	[kor'teχo 'funeβre]
urn (de)	urna (f) funeraria	['urna fune'raria]
crematorium (het)	crematorio (m)	[krema'torio]
overlijdensbericht (het)	necrología (f)	[nekrolʲo'χia]
huilen (wenen)	llorar (vi)	[jo'rar]
snikken (huilen)	sollozar (vi)	[sojo'θar]

111. Oorlog. Soldaten

peloton (het)	sección (f)	[sek'θjon]
compagnie (de)	compañía (f)	[kompa'njia]
regiment (het)	regimiento (m)	[reχi'mjento]
leger (armee)	ejército (m)	[e'χerθito]
divisie (de)	división (f)	[diβi'θjon]
sectie (de)	destacamento (m)	[destaka'mento]

troep (de)	hueste (f)	[u'este]
soldaat (militair)	soldado (m)	[solʲ'ðaðo]
officier (de)	oficial (m)	[ofi'θjalʲ]

soldaat (rang)	soldado (m) raso	[solʲ'ðaðo 'raso]
sergeant (de)	sargento (m)	[sar'χento]
luitenant (de)	teniente (m)	[te'njente]
kapitein (de)	capitán (m)	[kapi'tan]
majoor (de)	mayor (m)	[ma'jor]
kolonel (de)	coronel (m)	[koro'nelʲ]
generaal (de)	general (m)	[χene'ralʲ]

matroos (de)	marino (m)	[ma'rino]
kapitein (de)	capitán (m)	[kapi'tan]
bootsman (de)	contramaestre (m)	[kontrama'estre]

artillerist (de)	artillero (m)	[arti'jero]
valschermjager (de)	paracaidista (m)	[parakai'ðista]
piloot (de)	piloto (m)	[pi'lʲoto]
stuurman (de)	navegador (m)	[naβega'ðor]
mecanicien (de)	mecánico (m)	[me'kaniko]

sappeur (de)	zapador (m)	[θapa'ðor]
parachutist (de)	paracaidista (m)	[parakai'ðista]
verkenner (de)	explorador (m)	[eksplʲora'ðor]
scherpschutter (de)	francotirador (m)	['fraŋko·tira'ðor]

patrouille (de)	patrulla (f)	[pa'truja]
patrouilleren (ww)	patrullar (vi, vt)	[patru'jar]
wacht (de)	centinela (m)	[θenti'nelʲa]

krijger (de)	guerrero (m)	[ge'rero]
patriot (de)	patriota (m)	[pa'trjota]
held (de)	héroe (m)	['eroe]
heldin (de)	heroína (f)	[ero'ina]

| verrader (de) | traidor (m) | [trai'ðor] |
| verraden (ww) | traicionar (vt) | [traiθjo'nar] |

| deserteur (de) | desertor (m) | [deser'tor] |
| deserteren (ww) | desertar (vi) | [deser'tar] |

huurling (de)	mercenario (m)	[merθe'nario]
rekruut (de)	recluta (m)	[re'klʲuta]
vrijwilliger (de)	voluntario (m)	[bolʲun'tario]

gedode (de)	muerto (m)	[mu'erto]
gewonde (de)	herido (m)	[e'riðo]
krijgsgevangene (de)	prisionero (m)	[prisjo'nero]

112. Oorlog. Militaire acties. Deel 1

| oorlog (de) | guerra (f) | ['gera] |
| oorlog voeren (ww) | estar en guerra | [es'tar en 'gera] |

burgeroorlog (de)	guerra (f) civil	['gera θi'βilʲ]
achterbaks (bw)	pérfidamente (adv)	['perfiδa'mente]
oorlogsverklaring (de)	declaración (f) de guerra	[deklʲara'θjon de 'gera]
verklaren (de oorlog ~)	declarar (vt)	[deklʲa'rar]
agressie (de)	agresión (f)	[aɣre'sjon]
aanvallen (binnenvallen)	atacar (vt)	[ata'kar]
binnenvallen (ww)	invadir (vt)	[imba'δir]
invaller (de)	invasor (m)	[imba'sor]
veroveraar (de)	conquistador (m)	[koŋkista'δor]
verdediging (de)	defensa (f)	[de'fensa]
verdedigen (je land ~)	defender (vt)	[defen'der]
zich verdedigen (ww)	defenderse (vr)	[defen'derse]
vijand (de)	enemigo (m)	[ene'migo]
tegenstander (de)	adversario (m)	[aδβer'sario]
vijandelijk (bn)	enemigo (adj)	[ene'migo]
strategie (de)	estrategia (f)	[estra'teχia]
tactiek (de)	táctica (f)	['taktika]
order (de)	orden (f)	['orδen]
bevel (het)	comando (m)	[ko'mando]
bevelen (ww)	ordenar (vt)	[orδe'nar]
opdracht (de)	misión (f)	[mi'sjon]
geheim (bn)	secreto (adj)	[se'kreto]
veldslag (de)	batalla (f)	[ba'taja]
strijd (de)	combate (m)	[kom'bate]
aanval (de)	ataque (m)	[a'take]
bestorming (de)	asalto (m)	[a'salʲto]
bestormen (ww)	tomar por asalto	[to'mar por a'salʲto]
bezetting (de)	asedio (m), sitio (m)	[a'seδio], ['sitio]
aanval (de)	ofensiva (f)	[ofen'siβa]
in het offensief te gaan	tomar la ofensiva	[to'mar lʲa ofen'siβa]
terugtrekking (de)	retirada (f)	[reti'raδa]
zich terugtrekken (ww)	retirarse (vr)	[reti'rarse]
omsingeling (de)	envolvimiento (m)	[embolʲβi'mjento]
omsingelen (ww)	cercar (vt)	[θer'kar]
bombardement (het)	bombardeo (m)	[bombar'δeo]
een bom gooien	lanzar una bomba	[lʲan'θar 'una 'bomba]
bombarderen (ww)	bombear (vt)	[bombe'ar]
ontploffing (de)	explosión (f)	[eksplʲo'sjon]
schot (het)	tiro (m), disparo (m)	['tiro], [dis'paro]
een schot lossen	disparar (vi)	[dispa'rar]
schieten (het)	tiro (m)	['tiro]
mikken op (ww)	apuntar a ...	[apun'tar a]
aanleggen (een wapen ~)	encarar (vt)	[eŋka'rar]

treffen (doelwit ~)	alcanzar (vt)	[alʲkan'θar]
zinken (tot zinken brengen)	hundir (vt)	[un'dir]
kogelgat (het)	brecha (f)	['bretʃa]
zinken (gezonken zijn)	hundirse (vr)	[un'dirse]
front (het)	frente (m)	['frente]
evacuatie (de)	evacuación (f)	[eβakua'θjon]
evacueren (ww)	evacuar (vt)	[eβaku'ar]
loopgraaf (de)	trinchera (f)	[trin'tʃera]
prikkeldraad (de)	alambre (m) de púas	[a'lʲambre de 'puas]
verdedigingsobstakel (het)	barrera (f)	[ba'rera]
wachttoren (de)	torre (f) de vigilancia	['tore de biχi'lʲanθia]
hospitaal (het)	hospital (m)	[ospi'talʲ]
verwonden (ww)	herir (vi, vt)	[e'rir]
wond (de)	herida (f)	[e'riða]
gewonde (de)	herido (m)	[e'riðo]
gewond raken (ww)	recibir una herida	[reθi'βir 'una e'riða]
ernstig (~e wond)	grave (adj)	['graβe]

113. Oorlog. Militaire acties. Deel 2

krijgsgevangenschap (de)	cautiverio (m)	[kauti'βerio]
krijgsgevangen nemen	capturar (vt)	[kaptu'rar]
krijgsgevangene zijn	estar en cautiverio	[es'tar en kauti'βerio]
krijgsgevangen genomen worden	caer prisionero	[ka'er prisjo'nero]
concentratiekamp (het)	campo (m) de concentración	['kampo de konθentra'θjon]
krijgsgevangene (de)	prisionero (m)	[prisjo'nero]
vluchten (ww)	escapar (vi)	[eska'par]
verraden (ww)	traicionar (vt)	[traiθjo'nar]
verrader (de)	traidor (m)	[trai'ðor]
verraad (het)	traición (f)	[trai'θjon]
fusilleren (executeren)	fusilar (vt)	[fusi'lʲar]
executie (de)	fusilamiento (m)	[fusilʲa'mjento]
uitrusting (de)	equipo (m)	[e'kipo]
schouderstuk (het)	hombrera (f)	[om'brera]
gasmasker (het)	máscara (f) antigás	['maskara anti'ɣas]
portofoon (de)	radio transmisor (m)	['raðjo transmi'sor]
geheime code (de)	cifra (f)	['θifra]
samenzwering (de)	conspiración (f)	[konspira'θjon]
wachtwoord (het)	contraseña (f)	[kontra'senja]
mijn (landmijn)	mina (f) terrestre	['mina te'restre]
ondermijnen (legden mijnen)	minar (vt)	[mi'nar]
mijnenveld (het)	campo (m) minado	['kampo mi'naðo]
luchtalarm (het)	alarma (f) aérea	[a'lʲarma a'erea]
alarm (het)	alarma (f)	[a'lʲarma]

signaal (het)	señal (f)	[se'njalʲ]
vuurpijl (de)	cohete (m) de señales	[ko'ete de se'njales]
staf (generale ~)	estado (m) mayor	[es'taðo ma'jor]
verkenning (de)	reconocimiento (m)	[rekonoθi'mjento]
toestand (de)	situación (f)	[situa'θjon]
rapport (het)	informe (m)	[imˈforme]
hinderlaag (de)	emboscada (f)	[embos'kaða]
versterking (de)	refuerzo (m)	[refu'erθo]
doel (bewegend ~)	blanco (m)	['blʲaŋko]
proefterrein (het)	terreno (m) de prueba	[te'reno de pru'eβa]
manoeuvres (mv.)	maniobras (f pl)	[ma'njoβras]
paniek (de)	pánico (m)	['paniko]
verwoesting (de)	devastación (f)	[deβasta'θjon]
verwoestingen (mv.)	destrucciones (f pl)	[destruk'θjones]
verwoesten (ww)	destruir (vt)	[destru'ir]
overleven (ww)	sobrevivir (vi, vt)	['soβreβi'βir]
ontwapenen (ww)	desarmar (vt)	[desar'mar]
behandelen (een pistool ~)	manejar (vt)	[mane'χar]
Geeft acht!	¡Firmes!	['firmes]
Op de plaats rust!	¡Descanso!	[des'kanso]
heldendaad (de)	hazaña (f)	[a'θanja]
eed (de)	juramento (m)	[χura'mento]
zweren (een eed doen)	jurar (vt)	[χu'rar]
decoratie (de)	condecoración (f)	[kondekora'θjon]
onderscheiden (een ereteken geven)	condecorar (vt)	[kondeko'rar]
medaille (de)	medalla (f)	[me'ðaja]
orde (de)	orden (m)	['orðen]
overwinning (de)	victoria (f)	[bik'toria]
verlies (het)	derrota (f)	[de'rota]
wapenstilstand (de)	armisticio (m)	[armis'tiθio]
wimpel (vaandel)	bandera (f)	[ban'dera]
roem (de)	gloria (f)	['glʲoria]
parade (de)	desfile (m) militar	[desfi'le mili'tar]
marcheren (ww)	marchar (vi)	[mar'ʧar]

114. Wapens

wapens (mv.)	arma (f)	['arma]
vuurwapens (mv.)	arma (f) de fuego	['arma de fu'ego]
koude wapens (mv.)	arma (f) blanca	['arma 'blʲanka]
chemische wapens (mv.)	arma (f) química	['arma 'kimika]
kern-, nucleair (bn)	nuclear (adj)	[nukle'ar]
kernwapens (mv.)	arma (f) nuclear	['arma nukle'ar]

Dutch	Spanish	Pronunciation
bom (de)	bomba (f)	['bomba]
atoombom (de)	bomba (f) atómica	['bomba a'tomika]
pistool (het)	pistola (f)	[pis'tolʲa]
geweer (het)	fusil (m)	[fu'silʲ]
machinepistool (het)	metralleta (f)	[metra'jeta]
machinegeweer (het)	ametralladora (f)	[ametraja'ðora]
loop (schietbuis)	boca (f)	['boka]
loop (bijv. geweer met kortere ~)	cañón (m)	[ka'njon]
kaliber (het)	calibre (m)	[ka'liβre]
trekker (de)	gatillo (m)	[ga'tijo]
korrel (de)	alza (f)	['alʲθa]
magazijn (het)	cargador (m)	[karga'ðor]
geweerkolf (de)	culata (f)	[ku'lʲata]
granaat (handgranaat)	granada (f)	[gra'naða]
explosieven (mv.)	explosivo (m)	[eksplʲo'siβo]
kogel (de)	bala (f)	['balʲa]
patroon (de)	cartucho (m)	[kar'tuʧo]
lading (de)	carga (f)	['karga]
ammunitie (de)	pertrechos (m pl)	[per'treʧos]
bommenwerper (de)	bombardero (m)	[bombar'ðero]
straaljager (de)	avión (m) de caza	[a'βjon de 'kaθa]
helikopter (de)	helicóptero (m)	[eli'koptero]
afweergeschut (het)	antiaéreo (m)	[anti·a'ereo]
tank (de)	tanque (m)	['taŋke]
kanon (tank met een ~ van 76 mm)	cañón (m)	[ka'njon]
artillerie (de)	artillería (f)	[artije'ria]
kanon (het)	cañón (m)	[ka'njon]
aanleggen (een wapen ~)	dirigir (vt)	[diri'xir]
mortier (de)	mortero (m)	[mor'tero]
mortiergranaat (de)	bomba (f) de mortero	['bomba de mar'tero]
projectiel (het)	obús (m)	[o'βus]
granaatscherf (de)	trozo (m) de obús	['troθo de o'βus]
duikboot (de)	submarino (m)	[suβma'rino]
torpedo (de)	torpedo (m)	[tor'peðo]
raket (de)	misil (m)	[mi'silʲ]
laden (geweer, kanon)	cargar (vt)	[kar'gar]
schieten (ww)	tirar (vi)	[ti'rar]
richten op (mikken)	apuntar a …	[apun'tar a]
bajonet (de)	bayoneta (f)	[bajo'neta]
degen (de)	espada (f)	[es'paða]
sabel (de)	sable (m)	['saβle]
speer (de)	lanza (f)	['lʲanθa]

boog (de)	arco (m)	['arko]
pijl (de)	flecha (f)	['fletʃa]
musket (de)	mosquete (m)	[mos'kete]
kruisboog (de)	ballesta (f)	[ba'jesta]

115. Oude mensen

primitief (bn)	primitivo (adj)	[primi'tiβo]
voorhistorisch (bn)	prehistórico (adj)	[preis'toriko]
eeuwenoude (~ beschaving)	antiguo (adj)	[an'tiguo]

Steentijd (de)	Edad (f) de Piedra	[e'ðað de 'pjeðra]
Bronstijd (de)	Edad (f) de Bronce	[e'ðað de 'bronθe]
IJstijd (de)	Edad (f) de Hielo	[e'ðað de 'jelʲo]

stam (de)	tribu (f)	['triβu]
menseneter (de)	caníbal (m)	[ka'niβalʲ]
jager (de)	cazador (m)	[kaθa'ðor]
jagen (ww)	cazar (vi, vt)	[ka'θar]
mammoet (de)	mamut (m)	[ma'mut]

grot (de)	caverna (f)	[ka'βerna]
vuur (het)	fuego (m)	[fu'ego]

kampvuur (het)	hoguera (f)	[o'gera]
rotstekening (de)	pintura (f) rupestre	[pin'tura ru'pestre]

werkinstrument (het)	herramienta (f), útil (m)	[era'mjenta], ['utilʲ]
speer (de)	lanza (f)	['lʲanθa]
stenen bijl (de)	hacha (f) de piedra	['atʃa de 'pjeðra]

oorlog voeren (ww)	estar en guerra	[es'tar en 'gera]
temmen (bijv. wolf ~)	domesticar (vt)	[domesti'kar]

idool (het)	ídolo (m)	['iðolʲo]
aanbidden (ww)	adorar (vt)	[aðo'rar]

bijgeloof (het)	superstición (f)	[supersti'θjon]
ritueel (het)	rito (m)	['rito]

evolutie (de)	evolución (f)	[eβolʲu'θjon]
ontwikkeling (de)	desarrollo (m)	[desa'rojo]

verdwijning (de)	desaparición (f)	[desapari'θjon]
zich aanpassen (ww)	adaptarse (vr)	[aðap'tarse]

archeologie (de)	arqueología (f)	[arkeolʲo'χia]
archeoloog (de)	arqueólogo (m)	[arke'olʲogo]
archeologisch (bn)	arqueológico (adj)	[arkeo'lʲoχiko]

opgravingsplaats (de)	sitio (m) de excavación	['sitio de ekskaβa'θjon]
opgravingen (mv.)	excavaciones (f pl)	[ekskaβa'θjones]
vondst (de)	hallazgo (m)	[a'jaθgo]
fragment (het)	fragmento (m)	[fraɣ'mento]

116. Middeleeuwen

volk (het)	pueblo (m)	[pu'eβljo]
volkeren (mv.)	pueblos (m pl)	[pu'eβljos]
stam (de)	tribu (f)	['triβu]
stammen (mv.)	tribus (f pl)	['triβus]

barbaren (mv.)	bárbaros (m pl)	['barβaros]
Galliërs (mv.)	galos (m pl)	['galjos]
Goten (mv.)	godos (m pl)	['goðos]
Slaven (mv.)	eslavos (m pl)	[es'ljaβos]
Vikings (mv.)	vikingos (m pl)	[bi'kingos]

Romeinen (mv.)	romanos (m pl)	[ro'manos]
Romeins (bn)	romano (adj)	[ro'mano]

Byzantijnen (mv.)	bizantinos (m pl)	[biθan'tinos]
Byzantium (het)	Bizancio (m)	[bi'θanθio]
Byzantijns (bn)	bizantino (adj)	[biθan'tino]

keizer (bijv. Romeinse ~)	emperador (m)	[empera'ðor]
opperhoofd (het)	jefe (m)	['χefe]
machtig (bn)	poderoso (adj)	[poðe'roso]
koning (de)	rey (m)	[rej]
heerser (de)	gobernador (m)	[goβerna'ðor]

ridder (de)	caballero (m)	[kaβa'jero]
feodaal (de)	señor (m) feudal	[se'njor feu'ðalj]
feodaal (bn)	feudal (adj)	[feu'ðalj]
vazal (de)	vasallo (m)	[ba'sajo]

hertog (de)	duque (m)	['duke]
graaf (de)	conde (m)	['konde]
baron (de)	barón (m)	[ba'ron]
bisschop (de)	obispo (m)	[o'βispo]

harnas (het)	armadura (f)	[arma'ðura]
schild (het)	escudo (m)	[es'kuðo]
zwaard (het)	espada (f)	[es'paða]
vizier (het)	visera (f)	[bi'sera]
maliënkolder (de)	cota (f) de malla	['kota de 'maja]

kruistocht (de)	cruzada (f)	[kru'θaða]
kruisvaarder (de)	cruzado (m)	[kru'θaðo]

gebied (bijv. bezette ~en)	territorio (m)	[teri'torio]
aanvallen (binnenvallen)	atacar (vt)	[ata'kar]
veroveren (ww)	conquistar (vt)	[koŋkis'tar]
innemen (binnenvallen)	ocupar (vt)	[oku'par]

bezetting (de)	asedio (m), sitio (m)	[a'seðio], ['sitio]
belegerd (bn)	sitiado (adj)	[si'tjaðo]
belegeren (ww)	asediar, sitiar	[ase'ðjar], [si'tjar]
inquisitie (de)	inquisición (f)	[iŋkisi'θjon]
inquisiteur (de)	inquisidor (m)	[iŋkisi'ðor]

Nederlands	Spaans	Uitspraak
foltering (de)	tortura (f)	[tor'tura]
wreed (bn)	cruel (adj)	[kru'elʲ]
ketter (de)	hereje (m)	[e'reχe]
ketterij (de)	herejía (f)	[ere'χia]
zeevaart (de)	navegación (f) marítima	[naβega'θjon ma'ritima]
piraat (de)	pirata (m)	[pi'rata]
piraterij (de)	piratería (f)	[pirate'ria]
enteren (het)	abordaje (m)	[aβor'ðaχe]
buit (de)	botín (m)	[bo'tin]
schatten (mv.)	tesoros (m pl)	[te'soros]
ontdekking (de)	descubrimiento (m)	[deskuβri'mjento]
ontdekken (bijv. nieuw land)	descubrir (vt)	[desku'βrir]
expeditie (de)	expedición (f)	[ekspeði'θjon]
musketier (de)	mosquetero (m)	[moske'tero]
kardinaal (de)	cardenal (m)	[karðe'nalʲ]
heraldiek (de)	heráldica (f)	[e'ralʲdika]
heraldisch (bn)	heráldico (adj)	[e'ralʲdiko]

117. Leider. Baas. Autoriteiten

Nederlands	Spaans	Uitspraak
koning (de)	rey (m)	[rej]
koningin (de)	reina (f)	['rejna]
koninklijk (bn)	real (adj)	[re'alʲ]
koninkrijk (het)	reino (m)	['rejno]
prins (de)	príncipe (m)	['prinθipe]
prinses (de)	princesa (f)	[prin'θesa]
president (de)	presidente (m)	[presi'ðente]
vicepresident (de)	vicepresidente (m)	['biθe·presi'ðente]
senator (de)	senador (m)	[sena'ðor]
monarch (de)	monarca (m)	[mo'narka]
heerser (de)	gobernador (m)	[goβerna'ðor]
dictator (de)	dictador (m)	[dikta'ðor]
tiran (de)	tirano (m)	[ti'rano]
magnaat (de)	magnate (m)	[maɣ'nate]
directeur (de)	director (m)	[direk'tor]
chef (de)	jefe (m)	['χefe]
beheerder (de)	gerente (m)	[χe'rente]
baas (de)	amo (m)	['amo]
eigenaar (de)	dueño (m)	[du'enjo]
leider (de)	jefe (m), líder (m)	['χefe], ['liðer]
hoofd (bijv. ~ van de delegatie)	jefe (m)	['χefe]
autoriteiten (mv.)	autoridades (f pl)	[autori'ðaðes]
superieuren (mv.)	superiores (m pl)	[supe'rjores]
gouverneur (de)	gobernador (m)	[goβerna'ðor]
consul (de)	cónsul (m)	['konsulʲ]

diplomaat (de)	diplomático (m)	[diplʲo'matiko]
burgemeester (de)	alcalde (m)	[alʲ'kalʲde]
sheriff (de)	sheriff (m)	[ʃe'rif]
keizer (bijv. Romeinse ~)	emperador (m)	[empera'ðor]
tsaar (de)	zar (m)	[θar]
farao (de)	faraón (m)	[fara'on]
kan (de)	jan (m), kan (m)	[χan]

118. De wet overtreden. Criminelen. Deel 1

bandiet (de)	bandido (m)	[ban'diðo]
misdaad (de)	crimen (m)	['krimen]
misdadiger (de)	criminal (m)	[krimi'nalʲ]
dief (de)	ladrón (m)	[lʲa'ðron]
stelen (ww)	robar (vt)	[ro'βar]
stelen, diefstal (de)	robo (m)	['roβo]
kidnappen (ww)	secuestrar (vt)	[sekues'trar]
kidnapping (de)	secuestro (m)	[seku'estro]
kidnapper (de)	secuestrador (m)	[sekuestra'ðor]
losgeld (het)	rescate (m)	[res'kate]
eisen losgeld (ww)	exigir un rescate	[eksi'χir un res'kate]
overvallen (ww)	robar (vt)	[ro'βar]
overval (de)	robo (m)	['roβo]
overvaller (de)	atracador (m)	[atraka'ðor]
afpersen (ww)	extorsionar (vt)	[ekstorsjo'nar]
afperser (de)	extorsionista (m)	[ekstorsjo'nista]
afpersing (de)	extorsión (f)	[ekstor'sjon]
vermoorden (ww)	matar, asesinar (vt)	[ma'tar], [asesi'nar]
moord (de)	asesinato (m)	[asesi'nato]
moordenaar (de)	asesino (m)	[ase'sino]
schot (het)	tiro (m), disparo (m)	['tiro], [dis'paro]
een schot lossen	disparar (vi)	[dispa'rar]
neerschieten (ww)	matar (vt)	[ma'tar]
schieten (ww)	tirar (vi)	[ti'rar]
schieten (het)	tiroteo (m)	[tiro'teo]
ongeluk (gevecht, enz.)	incidente (m)	[inθi'ðente]
gevecht (het)	pelea (f)	[pe'lea]
Help!	¡Socorro!	[so'koro]
slachtoffer (het)	víctima (f)	['biktima]
beschadigen (ww)	perjudicar (vt)	[perχuði'kar]
schade (de)	daño (m)	['danjo]
lijk (het)	cadáver (m)	[ka'ðaβer]
zwaar (~ misdrijf)	grave (adj)	['graβe]
aanvallen (ww)	atacar (vt)	[ata'kar]

slaan (iemand ~)	pegar (vt)	[pe'gar]
in elkaar slaan (toetakelen)	apporear (vt)	[appore'ar]
ontnemen (beroven)	quitar (vt)	[ki'tar]
steken (met een mes)	acuchillar (vt)	[akutʃi'jar]
verminken (ww)	mutilar (vt)	[muti'lʲar]
verwonden (ww)	herir (vt)	[e'rir]
chantage (de)	chantaje (m)	[tʃan'taxe]
chanteren (ww)	hacer chantaje	[a'θer tʃan'taxe]
chanteur (de)	chantajista (m)	[tʃanta'xista]
afpersing (de)	extorsión (f)	[ekstor'sjon]
afperser (de)	extorsionador (m)	[ekstorsjona'ðor]
gangster (de)	gángster (m)	['ganster]
maffia (de)	mafia (f)	['mafia]
kruimeldief (de)	carterista (m)	[karte'rista]
inbreker (de)	ladrón (m) de viviendas	[lʲa'ðron de bi'βjendas]
smokkelen (het)	contrabandismo (m)	[kontraβan'dismo]
smokkelaar (de)	contrabandista (m)	[kontraβan'dista]
namaak (de)	falsificación (f)	[falʲsifika'θjon]
namaken (ww)	falsificar (vt)	[falʲsifi'kar]
namaak-, vals (bn)	falso, falsificado	['falʲso], [falʲsifi'kaðo]

119. De wet overtreden. Criminelen. Deel 2

verkrachting (de)	violación (f)	[biolʲa'θjon]
verkrachten (ww)	violar (vt)	[bio'lʲar]
verkrachter (de)	violador (m)	[biolʲa'ðor]
maniak (de)	maniaco (m)	[mani'ako]
prostituee (de)	prostituta (f)	[prosti'tuta]
prostitutie (de)	prostitución (f)	[prostitu'θjon]
pooier (de)	chulo (m), proxeneta (m)	['tʃulʲo], [prokse'neta]
drugsverslaafde (de)	drogadicto (m)	[droɣ·a'ðikto]
drugshandelaar (de)	narcotraficante (m)	[narko·trafi'kante]
opblazen (ww)	hacer explotar	[a'θer eksplʲo'tar]
explosie (de)	explosión (f)	[eksplʲo'sjon]
in brand steken (ww)	incendiar (vt)	[inθen'djar]
brandstichter (de)	incendiario (m)	[inθen'djario]
terrorisme (het)	terrorismo (m)	[tero'rismo]
terrorist (de)	terrorista (m)	[tero'rista]
gijzelaar (de)	rehén (m)	[re'en]
bedriegen (ww)	estafar (vt)	[esta'far]
bedrog (het)	estafa (f)	[es'tafa]
oplichter (de)	estafador (m)	[estafa'ðor]
omkopen (ww)	sobornar (vt)	[soβor'nar]
omkoperij (de)	soborno (m)	[so'βorno]

smeergeld (het)	soborno (m)	[so'βorno]
vergif (het)	veneno (m)	[be'neno]
vergiftigen (ww)	envenenar (vt)	[embene'nar]
vergif innemen (ww)	envenenarse (vr)	[embene'narse]

| zelfmoord (de) | suicidio (m) | [sui'θiðio] |
| zelfmoordenaar (de) | suicida (m, f) | [sui'θiða] |

bedreigen	amenazar (vt)	[amena'θar]
(bijv. met een pistool)		
bedreiging (de)	amenaza (f)	[ame'nasa]
een aanslag plegen	atentar (vi)	[aten'tar]
aanslag (de)	atentado (m)	[aten'taðo]

| stelen (een auto) | robar (vt) | [ro'βar] |
| kapen (een vliegtuig) | secuestrar (vt) | [sekues'trar] |

| wraak (de) | venganza (f) | [ben'ganθa] |
| wreken (ww) | vengar (vt) | [ben'gar] |

martelen (gevangenen)	torturar (vt)	[tortu'rar]
foltering (de)	tortura (f)	[tor'tura]
folteren (ww)	atormentar (vt)	[atormen'tar]

piraat (de)	pirata (m)	[pi'rata]
straatschender (de)	gamberro (m)	[gam'bero]
gewapend (bn)	armado (adj)	[ar'maðo]
geweld (het)	violencia (f)	[bio'lenθia]
onwettig (strafbaar)	ilegal (adj)	[ile'galʲ]

| spionage (de) | espionaje (m) | [espjo'naχe] |
| spioneren (ww) | espiar (vi, vt) | [espi'jar] |

120. Politie. Wet. Deel 1

| justitie (de) | justicia (f) | [χus'tiθia] |
| gerechtshof (het) | tribunal (m) | [triβu'nalʲ] |

rechter (de)	juez (m)	[χu'eθ]
jury (de)	jurados (m pl)	[χu'raðos]
juryrechtspraak (de)	tribunal (m) de jurados	[triβu'nalʲ de χu'raðos]
berechten (ww)	juzgar (vt)	[χuθ'gar]

advocaat (de)	abogado (m)	[aβo'gaðo]
beklaagde (de)	acusado (m)	[aku'saðo]
beklaagdenbank (de)	banquillo (m) de los acusados	[baŋ'kijo de los aku'saðos]

| beschuldiging (de) | inculpación (f) | [iŋkulʲpa'θjon] |
| beschuldigde (de) | inculpado (m) | [iŋkulʲ'paðo] |

vonnis (het)	sentencia (f)	[sen'tenθia]
veroordelen	sentenciar (vt)	[senten'θjar]
(in een rechtszaak)		

schuldige (de)	culpable (m)	[kulʲ'paβle]
straffen (ww)	castigar (vt)	[kasti'gar]
bestraffing (de)	castigo (m)	[kas'tigo]
boete (de)	multa (f)	['mulʲta]
levenslange opsluiting (de)	cadena (f) perpetua	[ka'ðena per'petua]
doodstraf (de)	pena (f) de muerte	['pena de mu'erte]
elektrische stoel (de)	silla (f) eléctrica	['sija e'lektrika]
schavot (het)	horca (f)	['orka]
executeren (ww)	ejecutar (vt)	[eχeku'tar]
executie (de)	ejecución (f)	[eχeku'θjon]
gevangenis (de)	prisión (f)	[pri'sjon]
cel (de)	celda (f)	['θelʲda]
konvooi (het)	escolta (f)	[es'kolʲta]
gevangenisbewaker (de)	guardia (m) de prisiones	[gu'arðja de pri'sjones]
gedetineerde (de)	prisionero (m)	[prisjo'nero]
handboeien (mv.)	esposas (f pl)	[es'posas]
handboeien omdoen	esposar (vt)	[espo'sar]
ontsnapping (de)	escape (m)	[es'kape]
ontsnappen (ww)	escaparse (vr)	[eska'parse]
verdwijnen (ww)	desaparecer (vi)	[desapare'θer]
vrijlaten (uit de gevangenis)	liberar (vt)	[liβe'rar]
amnestie (de)	amnistía (f)	[amnis'tia]
politie (de)	policía (f)	[poli'θia]
politieagent (de)	policía (m)	[poli'θia]
politiebureau (het)	comisaría (f) de policía	[komisa'ria de poli'θia]
knuppel (de)	porra (f)	['pora]
megafoon (de)	megáfono (m)	[me'ɣafono]
patrouilleerwagen (de)	coche (m) patrulla	['kotʃe pa'truja]
sirene (de)	sirena (f)	[si'rena]
de sirene aansteken	poner la sirena	[po'ner lʲa si'rena]
geloei (het) van de sirene	sonido (m) de sirena	[so'niðo de si'rena]
plaats delict (de)	escena (f) del delito	[e'θeno delʲ de'lito]
getuige (de)	testigo (m)	[tes'tigo]
vrijheid (de)	libertad (f)	[liβer'tað]
handlanger (de)	cómplice (m)	['kompliθe]
ontvluchten (ww)	escapar de ...	[eska'par de]
spoor (het)	rastro (m)	['rastro]

121. Politie. Wet. Deel 2

opsporing (de)	búsqueda (f)	['buskeða]
opsporen (ww)	buscar (vt)	[bus'kar]
verdenking (de)	sospecha (f)	[sos'petʃa]
verdacht (bn)	sospechoso (adj)	[sospe'tʃoso]
aanhouden (stoppen)	parar (vt)	[pa'rar]

tegenhouden (ww)	retener (vt)	[rete'ner]
strafzaak (de)	causa (f)	['kausa]
onderzoek (het)	investigación (f)	[imbestiga'θjon]
detective (de)	detective (m)	[detek'tiβe]
onderzoeksrechter (de)	investigador (m)	[imbestiga'ðor]
versie (de)	versión (f)	[ber'sjon]
motief (het)	motivo (m)	[mo'tiβo]
verhoor (het)	interrogatorio (m)	[interoga'torio]
ondervragen (door de politie)	interrogar (vt)	[intero'gar]
ondervragen (omstanders ~)	interrogar (vt)	[intero'gar]
controle (de)	control (m)	[kon'trolʲ]
razzia (de)	redada (f)	[re'ðaða]
huiszoeking (de)	registro (m)	[re'χistro]
achtervolging (de)	persecución (f)	[perseku'θjon]
achtervolgen (ww)	perseguir (vt)	[perse'gir]
opsporen (ww)	rastrear (vt)	[rastre'ar]
arrest (het)	arresto (m)	[a'resto]
arresteren (ww)	arrestar (vt)	[ares'tar]
vangen, aanhouden (een dief, enz.)	capturar (vt)	[kaptu'rar]
aanhouding (de)	captura (f)	[kap'tura]
document (het)	documento (m)	[doku'mento]
bewijs (het)	prueba (f)	[pru'eβa]
bewijzen (ww)	probar (vt)	[pro'βar]
voetspoor (het)	huella (f)	[u'eja]
vingerafdrukken (mv.)	huellas (f pl) digitales	[u'ejas diχi'tales]
bewijs (het)	elemento (m) de prueba	[ele'mento de pru'eβa]
alibi (het)	coartada (f)	[koar'taða]
onschuldig (bn)	inocente (adj)	[ino'θente]
onrecht (het)	injusticia (f)	[inχus'tiθia]
onrechtvaardig (bn)	injusto (adj)	[in'χusto]
crimineel (bn)	criminal (adj)	[krimi'nalʲ]
confisqueren (in beslag nemen)	confiscar (vt)	[komfis'kar]
drug (de)	narcótico (m)	[nar'kotiko]
wapen (het)	arma (f)	['arma]
ontwapenen (ww)	desarmar (vt)	[desar'mar]
bevelen (ww)	ordenar (vt)	[orðe'nar]
verdwijnen (ww)	desaparecer (vi)	[desapare'θer]
wet (de)	ley (f)	[lej]
wettelijk (bn)	legal (adj)	[le'galʲ]
onwettelijk (bn)	ilegal (adj)	[ile'galʲ]
verantwoordelijkheid (de)	responsabilidad (f)	[responsaβili'ðað]
verantwoordelijk (bn)	responsable (adj)	[respon'saβle]

NATUUR

De Aarde. Deel 1

122. De kosmische ruimte

kosmos (de)	cosmos (m)	['kosmos]
kosmisch (bn)	espacial, cósmico (adj)	[espa'θjalʲ], ['kosmiko]
kosmische ruimte (de)	espacio (m) cósmico	[es'paθjo 'kosmiko]
heelal (het)	universo (m)	[uni'βerso]
sterrenstelsel (het)	galaxia (f)	[ga'lʲaksia]
ster (de)	estrella (f)	[es'treja]
sterrenbeeld (het)	constelación (f)	[konstelʲa'θjon]
planeet (de)	planeta (m)	[plʲa'neta]
satelliet (de)	satélite (m)	[sa'telite]
meteoriet (de)	meteorito (m)	[meteo'rito]
komeet (de)	cometa (m)	[ko'meta]
asteroïde (de)	asteroide (m)	[aste'roiðe]
baan (de)	órbita (f)	['orβita]
draaien (om de zon, enz.)	girar (vi)	[xi'rar]
atmosfeer (de)	atmósfera (f)	[að'mosfera]
Zon (de)	Sol (m)	[solʲ]
zonnestelsel (het)	sistema (m) solar	[sis'tema so'lʲar]
zonsverduistering (de)	eclipse (m) de Sol	[e'klipse de solʲ]
Aarde (de)	Tierra (f)	['tjera]
Maan (de)	Luna (f)	['lʲuna]
Mars (de)	Marte (m)	['marte]
Venus (de)	Venus (f)	['benus]
Jupiter (de)	Júpiter (m)	['xupiter]
Saturnus (de)	Saturno (m)	[sa'turno]
Mercurius (de)	Mercurio (m)	[mer'kurio]
Uranus (de)	Urano (m)	[u'rano]
Neptunus (de)	Neptuno (m)	[nep'tuno]
Pluto (de)	Plutón (m)	[plʲu'ton]
Melkweg (de)	la Vía Láctea	[lʲa 'bia 'lʲaktea]
Grote Beer (de)	la Osa Mayor	[lʲa 'osa ma'jor]
Poolster (de)	la Estrella Polar	[lʲa es'treja po'lʲar]
marsmannetje (het)	marciano (m)	[mar'θjano]
buitenaards wezen (het)	extraterrestre (m)	[ekstrate'restre]

bovenaards (het)	planetícola (m)	[pʎane'tikoʎa]
vliegende schotel (de)	platillo (m) volante	[pʎa'tijo bo'ʎante]
ruimtevaartuig (het)	nave (f) espacial	['naβe espa'θjaʎ]
ruimtestation (het)	estación (f) orbital	[esta'θjon orβi'taʎ]
start (de)	despegue (m)	[des'pege]
motor (de)	motor (m)	[mo'tor]
straalpijp (de)	tobera (f)	[to'βera]
brandstof (de)	combustible (m)	[kombus'tiβle]
cabine (de)	carlinga (f)	[kar'linga]
antenne (de)	antena (f)	[an'tena]
patrijspoort (de)	ventana (f)	[ben'tana]
zonnebatterij (de)	batería (f) solar	[bate'ria so'ʎar]
ruimtepak (het)	escafandra (f)	[eska'fandra]
gewichtloosheid (de)	ingravidez (f)	[ingraβi'ðeθ]
zuurstof (de)	oxígeno (m)	[o'ksixeno]
koppeling (de)	atraque (m)	[a'trake]
koppeling maken	realizar el atraque	[reali'θar eʎ a'trake]
observatorium (het)	observatorio (m)	[oβserβa'torio]
telescoop (de)	telescopio (m)	[teles'kopio]
waarnemen (ww)	observar (vt)	[oβser'βar]
exploreren (ww)	explorar (vt)	[ekspʎo'rar]

123. De Aarde

Aarde (de)	Tierra (f)	['tjera]
aardbol (de)	globo (m) terrestre	['gʎoβo te'restre]
planeet (de)	planeta (m)	[pʎa'neta]
atmosfeer (de)	atmósfera (f)	[að'mosfera]
aardrijkskunde (de)	geografía (f)	[xeoɣra'fia]
natuur (de)	naturaleza (f)	[natura'leθa]
wereldbol (de)	globo (m) terráqueo	['gʎoβo te'rakeo]
kaart (de)	mapa (m)	['mapa]
atlas (de)	atlas (m)	['atʎas]
Europa (het)	Europa (f)	[eu'ropa]
Azië (het)	Asia (f)	['asia]
Afrika (het)	África (f)	['afrika]
Australië (het)	Australia (f)	[aus'tralia]
Amerika (het)	América (f)	[a'merika]
Noord-Amerika (het)	América (f) del Norte	[a'merika deʎ 'norte]
Zuid-Amerika (het)	América (f) del Sur	[a'merika deʎ 'sur]
Antarctica (het)	Antártida (f)	[an'tartiða]
Arctis (de)	Ártico (m)	['artiko]

124. Windrichtingen

noorden (het)	norte (m)	['norte]
naar het noorden	al norte	[alʲ 'norte]
in het noorden	en el norte	[en elʲ 'norte]
noordelijk (bn)	del norte (adj)	[delʲ 'norte]

zuiden (het)	sur (m)	[sur]
naar het zuiden	al sur	[alʲ sur]
in het zuiden	en el sur	[en elʲ sur]
zuidelijk (bn)	del sur (adj)	[delʲ sur]

westen (het)	oeste (m)	[o'este]
naar het westen	al oeste	[alʲ o'este]
in het westen	en el oeste	[en elʲ o'este]
westelijk (bn)	del oeste (adj)	[delʲ o'este]

oosten (het)	este (m)	['este]
naar het oosten	al este	[alʲ 'este]
in het oosten	en el este	[en elʲ 'este]
oostelijk (bn)	del este (adj)	[delʲ 'este]

125. Zee. Oceaan

zee (de)	mar (m)	[mar]
oceaan (de)	océano (m)	[o'θeano]
golf (baai)	golfo (m)	['golʲfo]
straat (de)	estrecho (m)	[es'tretʃo]

grond (vaste grond)	tierra (f) firme	['tjera 'firme]
continent (het)	continente (m)	[konti'nente]
eiland (het)	isla (f)	['islʲa]
schiereiland (het)	península (f)	[pe'ninsulʲa]
archipel (de)	archipiélago (m)	[artʃipi'elʲago]

baai, bocht (de)	bahía (f)	[ba'ia]
haven (de)	ensenada, bahía (f)	[ba'ia]
lagune (de)	laguna (f)	[lʲa'guna]
kaap (de)	cabo (m)	['kaβo]

atol (de)	atolón (m)	[ato'lʲon]
rif (het)	arrecife (m)	[are'θife]
koraal (het)	coral (m)	[ko'ralʲ]
koraalrif (het)	arrecife (m) de coral	[are'θife de ko'ralʲ]

diep (bn)	profundo (adj)	[pro'fundo]
diepte (de)	profundidad (f)	[profundi'ðað]
diepzee (de)	abismo (m)	[a'βismo]
trog (bijv. Marianentrog)	fosa (f) oceánica	['fosa oθe'anika]

stroming (de)	corriente (f)	[ko'rjente]
omspoelen (ww)	bañar (vt)	[ba'njar]
oever (de)	orilla (f)	[o'rija]

kust (de)	costa (f)	['kosta]
vloed (de)	flujo (m)	['flʲuxo]
eb (de)	reflujo (m)	[re'flʲuxo]
ondiepte (ondiep water)	banco (m) de arena	['baŋko de a'rena]
bodem (de)	fondo (m)	['fondo]

golf (hoge ~)	ola (f)	['olʲa]
golfkam (de)	cresta (f) de la ola	['kresta de lʲa 'olʲa]
schuim (het)	espuma (f)	[es'puma]

storm (de)	tempestad (f)	[tempes'tað]
orkaan (de)	huracán (m)	[ura'kan]
tsunami (de)	tsunami (m)	[tsu'nami]
windstilte (de)	bonanza (f)	[bo'nanθa]
kalm (bijv. ~e zee)	calmo, tranquilo (adj)	['kalʲmo], [traŋ'kilʲo]

| pool (de) | polo (m) | ['polʲo] |
| polair (bn) | polar (adj) | [po'lʲar] |

breedtegraad (de)	latitud (f)	[lʲati'tuð]
lengtegraad (de)	longitud (f)	[lʲonxi'tuð]
parallel (de)	paralelo (m)	[para'lelʲo]
evenaar (de)	ecuador (m)	[ekua'ðor]

hemel (de)	cielo (m)	['θjelʲo]
horizon (de)	horizonte (m)	[ori'θonte]
lucht (de)	aire (m)	['aire]

vuurtoren (de)	faro (m)	['faro]
duiken (ww)	bucear (vi)	[buθe'ar]
zinken (ov. een boot)	hundirse (vr)	[un'dirse]
schatten (mv.)	tesoros (m pl)	[te'soros]

126. Namen van zeeën en oceanen

Atlantische Oceaan (de)	océano (m) Atlántico	[o'θeano at'lʲantiko]
Indische Oceaan (de)	océano (m) Índico	[o'θeano 'indiko]
Stille Oceaan (de)	océano (m) Pacífico	[o'θeano pa'sifiko]
Noordelijke IJszee (de)	océano (m) Glacial Ártico	[o'θeano glʲa'θjalʲ 'artiko]

Zwarte Zee (de)	mar (m) Negro	[mar 'neɣro]
Rode Zee (de)	mar (m) Rojo	[mar 'roxo]
Gele Zee (de)	mar (m) Amarillo	[mar ama'rijo]
Witte Zee (de)	mar (m) Blanco	[mar 'blʲaŋko]

Kaspische Zee (de)	mar (m) Caspio	[mar 'kaspio]
Dode Zee (de)	mar (m) Muerto	[mar mu'erto]
Middellandse Zee (de)	mar (m) Mediterráneo	[mar meðite'raneo]

| Egeïsche Zee (de) | mar (m) Egeo | [mar e'xeo] |
| Adriatische Zee (de) | mar (m) Adriático | [mar aðri'atiko] |

| Arabische Zee (de) | mar (m) Arábigo | [mar a'raβigo] |
| Japanse Zee (de) | mar (m) del Japón | [mar delʲ xa'pon] |

| Beringzee (de) | mar (m) de Bering | [mar de 'beriŋ] |
| Zuid-Chinese Zee (de) | mar (m) de la China Meridional | [mar de lʲa 'ʃina meriðjo'nalʲ] |

Koraalzee (de)	mar (m) del Coral	[mar delʲ ko'ralʲ]
Tasmanzee (de)	mar (m) de Tasmania	[mar de tas'mania]
Caribische Zee (de)	mar (m) Caribe	[mar kari'βe]

| Barentszzee (de) | mar (m) de Barents | [mar de ba'rents] |
| Karische Zee (de) | mar (m) de Kara | [mar de 'kara] |

Noordzee (de)	mar (m) del Norte	['mar delʲ 'norte]
Baltische Zee (de)	mar (m) Báltico	[mar 'baltiko]
Noorse Zee (de)	mar (m) de Noruega	[mar de noru'ega]

127. Bergen

berg (de)	montaña (f)	[mon'tanja]
bergketen (de)	cadena (f) de montañas	[ka'ðena de mon'tanjas]
gebergte (het)	cresta (f) de montañas	['kresta de mon'tanjas]

bergtop (de)	cima (f)	['θima]
bergpiek (de)	pico (m)	['piko]
voet (ov. de berg)	pie (m)	[pje]
helling (de)	cuesta (f)	[ku'esta]

vulkaan (de)	volcán (m)	[bolʲ'kan]
actieve vulkaan (de)	volcán (m) activo	[bolʲ'kan ak'tiβo]
uitgedoofde vulkaan (de)	volcán (m) apagado	[bolʲ'kan apa'gaðo]

uitbarsting (de)	erupción (f)	[erup'θjon]
krater (de)	cráter (m)	['krater]
magma (het)	magma (m)	['mayma]
lava (de)	lava (f)	['lʲaβa]
gloeiend (~e lava)	fundido (adj)	[fun'diðo]

kloof (canyon)	cañón (m)	[ka'njon]
bergkloof (de)	desfiladero (m)	[desfilʲa'ðero]
spleet (de)	grieta (f)	[gri'eta]
afgrond (de)	precipicio (m)	[preθi'piθio]

bergpas (de)	puerto (m)	[pu'erto]
plateau (het)	meseta (f)	[me'seta]
klip (de)	roca (f)	['roka]
heuvel (de)	colina (f)	[ko'lina]

gletsjer (de)	glaciar (m)	[glʲa'θjar]
waterval (de)	cascada (f)	[kas'kaða]
geiser (de)	geiser (m)	['χejser]
meer (het)	lago (m)	['lʲago]

vlakte (de)	llanura (f)	[ja'nura]
landschap (het)	paisaje (m)	[paj'saχe]
echo (de)	eco (m)	['eko]

alpinist (de)	alpinista (m)	[alʲpi'nista]
bergbeklimmer (de)	escalador (m)	[eskalʲa'ðor]
trotseren (berg ~)	conquistar (vt)	[koŋkis'tar]
beklimming (de)	ascensión (f)	[aθen'sjon]

128. Bergen namen

Alpen (de)	Alpes (m pl)	['alʲpes]
Mont Blanc (de)	Montblanc (m)	[mon'blʲank]
Pyreneeën (de)	Pirineos (m pl)	[piri'neos]

Karpaten (de)	Cárpatos (m pl)	['karpatos]
Oeralgebergte (het)	Urales (m pl)	[u'rales]
Kaukasus (de)	Cáucaso (m)	['kaukaso]
Elbroes (de)	Elbrus (m)	['elʲβrus]

Altaj (de)	Altai (m)	[alʲ'taj]
Tiensjan (de)	Tian-Shan (m)	['tjan 'ʃan]
Pamir (de)	Pamir (m)	[pa'mir]
Himalaya (de)	Himalayos (m pl)	[ima'lʲajos]
Everest (de)	Everest (m)	[eβe'rest]

| Andes (de) | Andes (m pl) | ['andes] |
| Kilimanjaro (de) | Kilimanjaro (m) | [kiliman'χaro] |

129. Rivieren

rivier (de)	río (m)	['rio]
bron (~ van een rivier)	manantial (m)	[manan'tjalʲ]
rivierbedding (de)	lecho (m)	['letʃo]
rivierbekken (het)	cuenca (f) fluvial	[ku'eŋka flʲu'βjalʲ]
uitmonden in …	desembocar en …	[desembo'kar en]

| zijrivier (de) | afluente (m) | [aflʲu'ente] |
| oever (de) | orilla (f), ribera (f) | [o'rija], [ri'βera] |

stroming (de)	corriente (f)	[ko'rjente]
stroomafwaarts (bw)	río abajo (adv)	['rio a'βaχo]
stroomopwaarts (bw)	río arriba (adv)	['rio a'riβa]

overstroming (de)	inundación (f)	[inunda'θjon]
overstroming (de)	riada (f)	['rjaða]
buiten zijn oevers treden	desbordarse (vr)	[desβor'ðarse]
overstromen (ww)	inundar (vt)	[inun'dar]

| zandbank (de) | bajo (m) arenoso | ['baχo are'noso] |
| stroomversnelling (de) | rápido (m) | ['rapiðo] |

dam (de)	presa (f)	['presa]
kanaal (het)	canal (m)	[ka'nalʲ]
spaarbekken (het)	lago (m) artificiale	['lʲago artifi'θjale]
sluis (de)	esclusa (f)	[es'klʲusa]

waterlichaam (het)	cuerpo (m) de agua	[ku'erpo de 'agua]
moeras (het)	pantano (m)	[pan'tano]
broek (het)	ciénaga (f)	['θjenaga]
draaikolk (de)	remolino (m)	[remo'lino]
stroom (de)	arroyo (m)	[a'rojo]
drink- (abn)	potable (adj)	[po'taβle]
zoet (~ water)	dulce (adj)	['dulʲθe]
ijs (het)	hielo (m)	['jelʲo]
bevriezen (rivier, enz.)	helarse (vr)	[e'lʲarse]

130. Namen van rivieren

Seine (de)	Sena (m)	['sena]
Loire (de)	Loira (m)	['lʲojra]
Theems (de)	Támesis (m)	['tamesis]
Rijn (de)	Rin (m)	[rin]
Donau (de)	Danubio (m)	[da'nuβio]
Wolga (de)	Volga (m)	['bolʲga]
Don (de)	Don (m)	[don]
Lena (de)	Lena (m)	['lena]
Gele Rivier (de)	Río (m) Amarillo	['rio ama'rijo]
Blauwe Rivier (de)	Río (m) Azul	['rio a'θulʲ]
Mekong (de)	Mekong (m)	[me'kong]
Ganges (de)	Ganges (m)	['ganges]
Nijl (de)	Nilo (m)	['nilʲo]
Kongo (de)	Congo (m)	['kongo]
Okavango (de)	Okavango (m)	[oka'βango]
Zambezi (de)	Zambeze (m)	[sam'beθe]
Limpopo (de)	Limpopo (m)	[limpo'po]
Mississippi (de)	Misisipi (m)	[misi'sipi]

131. Bos

bos (het)	bosque (m)	['boske]
bos- (abn)	de bosque (adj)	[de 'boske]
oerwoud (dicht bos)	espesura (f)	[espe'sura]
bosje (klein bos)	bosquecillo (m)	[bokse'θijo]
open plek (de)	claro (m)	['klʲaro]
struikgewas (het)	maleza (f)	[ma'leθa]
struiken (mv.)	matorral (m)	[mato'ralʲ]
paadje (het)	senda (f)	['senda]
ravijn (het)	barranco (m)	[ba'raŋko]
boom (de)	árbol (m)	['arβolʲ]

Nederlands	Spaans	Uitspraak
blad (het)	hoja (f)	['oxa]
gebladerte (het)	follaje (m)	[fo'jaxe]
vallende bladeren (mv.)	caída (f) de hojas	[ka'iða de 'oxas]
vallen (ov. de bladeren)	caer (vi)	[ka'er]
boomtop (de)	cima (f)	['θima]
tak (de)	rama (f)	['rama]
ent (de)	rama (f)	['rama]
knop (de)	brote (m)	['brote]
naald (de)	aguja (f)	[a'guxa]
dennenappel (de)	piña (f)	['pinja]
boom holte (de)	agujero (m)	[agu'xero]
nest (het)	nido (m)	['niðo]
stam (de)	tronco (m)	['troŋko]
wortel (bijv. boom~s)	raíz (f)	[ra'iθ]
schors (de)	corteza (f)	[kor'teθa]
mos (het)	musgo (m)	['musgo]
ontwortelen (een boom)	extirpar (vt)	[estir'par]
kappen (een boom ~)	talar (vt)	[ta'lʲar]
ontbossen (ww)	deforestar (vt)	[defores'tar]
stronk (de)	tocón (m)	[to'kon]
kampvuur (het)	hoguera (f)	[o'gera]
bosbrand (de)	incendio (m) forestal	[in'θendjo fores'talʲ]
blussen (ww)	apagar (vt)	[apa'gar]
boswachter (de)	guarda (m) forestal	[gu'arða fores'talʲ]
bescherming (de)	protección (f)	[protek'θjon]
beschermen (bijv. de natuur ~)	proteger (vt)	[prote'xer]
stroper (de)	cazador (m) furtivo	[kaθa'ðor fur'tiβo]
val (de)	cepo (m)	['θepo]
plukken (vruchten, enz.)	recoger (vt)	[reko'xer]
verdwalen (de weg kwijt zijn)	perderse (vr)	[per'ðerse]

132. Natuurlijke hulpbronnen

Nederlands	Spaans	Uitspraak
natuurlijke rijkdommen (mv.)	recursos (m pl) naturales	[re'kursos natu'rales]
delfstoffen (mv.)	recursos (m pl) subterráneos	[re'kursos suβte'raneos]
lagen (mv.)	depósitos (m pl)	[de'positos]
veld (bijv. olie~)	yacimiento (m)	[jaθi'mjento]
winnen (uit erts ~)	extraer (vt)	[ekstra'er]
winning (de)	extracción (f)	[ekstrak'θjon]
erts (het)	mena (f)	['mena]
mijn (bijv. kolenmijn)	mina (f)	['mina]
mijnschacht (de)	pozo (m) de mina	['poθo de 'mina]
mijnwerker (de)	minero (m)	[mi'nero]
gas (het)	gas (m)	[gas]

gasleiding (de)	gasoducto (m)	[gaso'ðukto]
olie (aardolie)	petróleo (m)	[pe'troleo]
olieleiding (de)	oleoducto (m)	[oleo'ðukto]
oliebron (de)	pozo (m) de petróleo	['poθo de pe'troleo]
boortoren (de)	torre (f) de sondeo	['tore de son'deo]
tanker (de)	petrolero (m)	[petro'lero]
zand (het)	arena (f)	[a'rena]
kalksteen (de)	caliza (f)	[ka'liθa]
grind (het)	grava (f)	['graβa]
veen (het)	turba (f)	['turβa]
klei (de)	arcilla (f)	[ar'θija]
steenkool (de)	carbón (m)	[kar'βon]
ijzer (het)	hierro (m)	['jero]
goud (het)	oro (m)	['oro]
zilver (het)	plata (f)	['plʲata]
nikkel (het)	níquel (m)	['nikelʲ]
koper (het)	cobre (m)	['koβre]
zink (het)	zinc (m)	[θiŋk]
mangaan (het)	manganeso (m)	[manga'neso]
kwik (het)	mercurio (m)	[mer'kurio]
lood (het)	plomo (m)	['plʲomo]
mineraal (het)	mineral (m)	[mine'ralʲ]
kristal (het)	cristal (m)	[kris'talʲ]
marmer (het)	mármol (m)	['marmolʲ]
uraan (het)	uranio (m)	[u'ranio]

De Aarde. Deel 2

133. Weer

weer (het)	tiempo (m)	['tjempo]
weersvoorspelling (de)	previsión (f) del tiempo	[preβi'sjon delʲ 'tjempo]
temperatuur (de)	temperatura (f)	[tempera'tura]
thermometer (de)	termómetro (m)	[ter'mometro]
barometer (de)	barómetro (m)	[ba'rometro]
vochtig (bn)	húmedo (adj)	['umeðo]
vochtigheid (de)	humedad (f)	[ume'ðað]
hitte (de)	bochorno (m)	[bo'tʃorno]
heet (bn)	tórrido (adj)	['toriðo]
het is heet	hace mucho calor	['aθe 'mutʃo ka'lʲor]
het is warm	hace calor	['aθe ka'lʲor]
warm (bn)	templado (adj)	[tem'plʲaðo]
het is koud	hace frío	['aθe 'frio]
koud (bn)	frío (adj)	['frio]
zon (de)	sol (m)	[solʲ]
schijnen (de zon)	brillar (vi)	[bri'jar]
zonnig (~e dag)	soleado (adj)	[sole'aðo]
opgaan (ov. de zon)	elevarse (vr)	[ele'βarse]
ondergaan (ww)	ponerse (vr)	[po'nerse]
wolk (de)	nube (f)	['nuβe]
bewolkt (bn)	nuboso (adj)	[nu'βoso]
regenwolk (de)	nubarrón (m)	[nuβa'ron]
somber (bn)	nublado (adj)	[nu'βlʲaðo]
regen (de)	lluvia (f)	['juβia]
het regent	está lloviendo	[es'ta jo'βjendo]
regenachtig (bn)	lluvioso (adj)	[juβi'oso]
motregenen (ww)	lloviznar (vi)	[joβiθ'nar]
plensbui (de)	aguacero (m)	[agua'θero]
stortbui (de)	chaparrón (m)	[tʃapa'ron]
hard (bn)	fuerte (adj)	[fu'erte]
plas (de)	charco (m)	['tʃarko]
nat worden (ww)	mojarse (vr)	[mo'xarse]
mist (de)	niebla (f)	['njeβlʲa]
mistig (bn)	nebuloso (adj)	[neβu'lʲoso]
sneeuw (de)	nieve (f)	['njeβe]
het sneeuwt	está nevando	[es'ta ne'βando]

134. Zwaar weer. Natuurrampen

noodweer (storm)	tormenta (f)	[tor'menta]
bliksem (de)	relámpago (m)	[re'lʲampago]
flitsen (ww)	relampaguear (vi)	[relʲampage'ar]
donder (de)	trueno (m)	[tru'eno]
donderen (ww)	tronar (vi)	[tro'nar]
het dondert	está tronando	[es'ta tro'nando]
hagel (de)	granizo (m)	[gra'niθo]
het hagelt	está granizando	[es'ta grani'θando]
overstromen (ww)	inundar (vt)	[inun'dar]
overstroming (de)	inundación (f)	[inunda'θjon]
aardbeving (de)	terremoto (m)	[tere'moto]
aardschok (de)	sacudida (f)	[saku'ðiða]
epicentrum (het)	epicentro (m)	[epi'θentro]
uitbarsting (de)	erupción (f)	[erup'θjon]
lava (de)	lava (f)	['lʲaβa]
wervelwind (de)	torbellino (m)	[torβe'jino]
windhoos (de)	tornado (m)	[tor'naðo]
tyfoon (de)	tifón (m)	[ti'fon]
orkaan (de)	huracán (m)	[ura'kan]
storm (de)	tempestad (f)	[tempes'tað]
tsunami (de)	tsunami (m)	[tsu'nami]
cycloon (de)	ciclón (m)	[θik'lʲon]
onweer (het)	mal tiempo (m)	[malʲ 'tjempo]
brand (de)	incendio (m)	[in'θendio]
ramp (de)	catástrofe (f)	[ka'tastrofe]
meteoriet (de)	meteorito (m)	[meteo'rito]
lawine (de)	avalancha (f)	[aβa'lʲantʃa]
sneeuwverschuiving (de)	alud (m) de nieve	[alʲuð de 'njeβe]
sneeuwjacht (de)	ventisca (f)	[ben'tiska]
sneeuwstorm (de)	nevasca (f)	[ne'βaska]

Fauna

135. Zoogdieren. Roofdieren

roofdier (het)	carnívoro (m)	[karˈniβoro]
tijger (de)	tigre (m)	[ˈtiɣre]
leeuw (de)	león (m)	[leˈon]
wolf (de)	lobo (m)	[ˈlʲoβo]
vos (de)	zorro (m)	[ˈθoro]
jaguar (de)	jaguar (m)	[χaguˈar]
luipaard (de)	leopardo (m)	[leoˈparðo]
jachtluipaard (de)	guepardo (m)	[geˈparðo]
panter (de)	pantera (f)	[panˈtera]
poema (de)	puma (f)	[ˈpuma]
sneeuwluipaard (de)	leopardo (m) de las nieves	[leoˈparðo de lʲas ˈnjeβes]
lynx (de)	lince (m)	[ˈlinθe]
coyote (de)	coyote (m)	[koˈjote]
jakhals (de)	chacal (m)	[tʃaˈkalʲ]
hyena (de)	hiena (f)	[ˈjena]

136. Wilde dieren

dier (het)	animal (m)	[aniˈmalʲ]
beest (het)	bestia (f)	[ˈbestia]
eekhoorn (de)	ardilla (f)	[arˈðija]
egel (de)	erizo (m)	[eˈriθo]
haas (de)	liebre (f)	[ˈljeβre]
konijn (het)	conejo (m)	[koˈneχo]
das (de)	tejón (m)	[teˈχon]
wasbeer (de)	mapache (m)	[maˈpatʃe]
hamster (de)	hámster (m)	[ˈχamster]
marmot (de)	marmota (f)	[marˈmota]
mol (de)	topo (m)	[ˈtopo]
muis (de)	ratón (m)	[raˈton]
rat (de)	rata (f)	[ˈrata]
vleermuis (de)	murciélago (m)	[murˈθjelʲago]
hermelijn (de)	armiño (m)	[arˈminjo]
sabeldier (het)	cebellina (f)	[θeβeˈjina]
marter (de)	marta (f)	[ˈmarta]
wezel (de)	comadreja (f)	[komaˈðreχa]
nerts (de)	visón (m)	[biˈson]

bever (de)	castor (m)	[kas'tor]
otter (de)	nutria (f)	['nutria]

paard (het)	caballo (m)	[ka'βajo]
eland (de)	alce (m)	['alʲθe]
hert (het)	ciervo (m)	['θjerβo]
kameel (de)	camello (m)	[ka'mejo]

bizon (de)	bisonte (m)	[bi'sonte]
wisent (de)	uro (m)	['uro]
buffel (de)	búfalo (m)	['bufalʲo]

zebra (de)	cebra (f)	['θeβra]
antilope (de)	antílope (m)	[an'tilʲope]
ree (de)	corzo (m)	['korθo]
damhert (het)	gamo (m)	['gamo]
gems (de)	gamuza (f)	[ga'muθa]
everzwijn (het)	jabalí (m)	[χaβa'li]

walvis (de)	ballena (f)	[ba'jena]
rob (de)	foca (f)	['foka]
walrus (de)	morsa (f)	['morsa]
zeebeer (de)	oso (m) marino	['oso ma'rino]
dolfijn (de)	delfín (m)	[delʲ'fin]

beer (de)	oso (m)	['oso]
ijsbeer (de)	oso (m) blanco	['oso 'blʲaŋko]
panda (de)	panda (f)	['panda]

aap (de)	mono (m)	['mono]
chimpansee (de)	chimpancé (m)	[ʧimpan'se]
orang-oetan (de)	orangután (m)	[orangu'tan]
gorilla (de)	gorila (m)	[go'rilja]
makaak (de)	macaco (m)	[ma'kako]
gibbon (de)	gibón (m)	[χi'βon]

olifant (de)	elefante (m)	[ele'fante]
neushoorn (de)	rinoceronte (m)	[rinoθe'ronte]
giraffe (de)	jirafa (f)	[χi'rafa]
nijlpaard (het)	hipopótamo (m)	[ipo'potamo]

kangoeroe (de)	canguro (m)	[kan'guro]
koala (de)	koala (f)	[ko'alʲa]

mangoest (de)	mangosta (f)	[man'gosta]
chinchilla (de)	chinchilla (f)	[ʧin'ʧija]
stinkdier (het)	mofeta (f)	[mo'feta]
stekelvarken (het)	espín (m)	[es'pin]

137. Huisdieren

poes (de)	gata (f)	['gata]
kater (de)	gato (m)	['gato]
hond (de)	perro (m)	['pero]

paard (het)	caballo (m)	[ka'βajo]
hengst (de)	garañón (m)	[gara'njon]
merrie (de)	yegua (f)	['jegua]
koe (de)	vaca (f)	['baka]
bul, stier (de)	toro (m)	['toro]
os (de)	buey (m)	[bu'ej]
schaap (het)	oveja (f)	[o'βeχa]
ram (de)	carnero (m)	[kar'nero]
geit (de)	cabra (f)	['kaβra]
bok (de)	cabrón (m)	[ka'βron]
ezel (de)	asno (m)	['asno]
muilezel (de)	mulo (m)	['mulʲo]
varken (het)	cerdo (m)	['θerðo]
biggetje (het)	cerdito (m)	[θer'ðito]
konijn (het)	conejo (m)	[ko'neχo]
kip (de)	gallina (f)	[ga'jina]
haan (de)	gallo (m)	['gajo]
eend (de)	pato (m)	['pato]
woerd (de)	ánade (m)	['anaðe]
gans (de)	ganso (m)	['ganso]
kalkoen haan (de)	pavo (m)	['paβo]
kalkoen (de)	pava (f)	['paβa]
huisdieren (mv.)	animales (m pl) domésticos	[ani'males do'mestikos]
tam (bijv. hamster)	domesticado (adj)	[domesti'kaðo]
temmen (tam maken)	domesticar (vt)	[domesti'kar]
fokken (bijv. paarden ~)	criar (vt)	[kri'ar]
boerderij (de)	granja (f)	['granχa]
gevogelte (het)	aves (f pl) de corral	['aβes de ko'ralʲ]
rundvee (het)	ganado (m)	[ga'njaðo]
kudde (de)	rebaño (m)	[re'βanjo]
paardenstal (de)	caballeriza (f)	[kaβaje'riθa]
zwijnenstal (de)	porqueriza (f)	[porke'riθa]
koeienstal (de)	vaquería (f)	[bake'ria]
konijnenhok (het)	conejal (m)	[kone'χalʲ]
kippenhok (het)	gallinero (m)	[gaji'nero]

138. Vogels

vogel (de)	pájaro (m)	['paχaro]
duif (de)	paloma (f)	[pa'lʲoma]
mus (de)	gorrión (m)	[gori'jon]
koolmees (de)	carbonero (m)	[karβo'nero]
ekster (de)	urraca (f)	[u'raka]
raaf (de)	cuervo (m)	[ku'erβo]

kraai (de)	corneja (f)	[kor'neχa]
kauw (de)	chova (f)	['ʧoβa]
roek (de)	grajo (m)	['graχo]
eend (de)	pato (m)	['pato]
gans (de)	ganso (m)	['ganso]
fazant (de)	faisán (m)	[faj'san]
arend (de)	águila (f)	['agilʲa]
havik (de)	azor (m)	[a'θor]
valk (de)	halcón (m)	[alʲ'kon]
gier (de)	buitre (m)	[bu'itre]
condor (de)	cóndor (m)	['kondor]
zwaan (de)	cisne (m)	['θisne]
kraanvogel (de)	grulla (f)	['gruja]
ooievaar (de)	cigüeña (f)	[θiɣu'enja]
papegaai (de)	loro (m), papagayo (m)	['lʲoro], [papa'gajo]
kolibrie (de)	colibrí (m)	[koli'βri]
pauw (de)	pavo (m) real	['paβo re'alʲ]
struisvogel (de)	avestruz (m)	[aβes'truθ]
reiger (de)	garza (f)	['garθa]
flamingo (de)	flamenco (m)	[flʲa'meŋko]
pelikaan (de)	pelícano (m)	[pe'likano]
nachtegaal (de)	ruiseñor (m)	[ruise'njor]
zwaluw (de)	golondrina (f)	[golʲon'drina]
lijster (de)	tordo (m)	['torðo]
zanglijster (de)	zorzal (m)	[θor'θalʲ]
merel (de)	mirlo (m)	['mirlʲo]
gierzwaluw (de)	vencejo (m)	[ben'θeχo]
leeuwerik (de)	alondra (f)	[a'lʲondra]
kwartel (de)	codorniz (f)	[koðor'niθ]
specht (de)	pájaro carpintero (m)	['paχaro karpin'tero]
koekoek (de)	cuco (m)	['kuko]
uil (de)	lechuza (f)	[le'ʧuθa]
oehoe (de)	búho (m)	['buo]
auerhoen (het)	urogallo (m)	[uro'gajo]
korhoen (het)	gallo lira (m)	['gajo 'lira]
patrijs (de)	perdiz (f)	[per'ðiθ]
spreeuw (de)	estornino (m)	[estor'nino]
kanarie (de)	canario (m)	[ka'nario]
hazelhoen (het)	ortega (f)	[or'tega]
vink (de)	pinzón (m)	[pin'θon]
goudvink (de)	camachuelo (m)	[kamaʧu'elʲo]
meeuw (de)	gaviota (f)	[ga'βjota]
albatros (de)	albatros (m)	[alʲ'βatros]
pinguïn (de)	pingüino (m)	[pingu'ino]

139. Vis. Zeedieren

brasem (de)	brema (f)	['brema]
karper (de)	carpa (f)	['karpa]
baars (de)	perca (f)	['perka]
meerval (de)	siluro (m)	[si'lʲuro]
snoek (de)	lucio (m)	['lʲuθio]

zalm (de)	salmón (m)	[salʲ'mon]
steur (de)	esturión (m)	[estu'rjon]

haring (de)	arenque (m)	[a'reŋke]
atlantische zalm (de)	salmón (m) del Atlántico	[salʲ'mon delʲ at'lʲantiko]
makreel (de)	caballa (f)	[ka'βaja]
platvis (de)	lenguado (m)	[lengu'aðo]

snoekbaars (de)	lucioperca (f)	[lʲuθjo'perka]
kabeljauw (de)	bacalao (m)	[baka'lʲao]
tonijn (de)	atún (m)	[a'tun]
forel (de)	trucha (f)	['trutʃa]

paling (de)	anguila (f)	[an'gilʲa]
sidderrog (de)	raya (f) eléctrica	['raja e'lektrika]
murene (de)	morena (f)	[mo'rena]
piranha (de)	piraña (f)	[pi'ranja]

haai (de)	tiburón (m)	[tiβu'ron]
dolfijn (de)	delfín (m)	[delʲ'fin]
walvis (de)	ballena (f)	[ba'jena]

krab (de)	centolla (f)	[θen'toja]
kwal (de)	medusa (f)	[me'ðusa]
octopus (de)	pulpo (m)	['pulʲpo]

zeester (de)	estrella (f) de mar	[es'treja de mar]
zee-egel (de)	erizo (m) de mar	[e'riθo de mar]
zeepaardje (het)	caballito (m) de mar	[kaβa'jito de mar]

oester (de)	ostra (f)	['ostra]
garnaal (de)	camarón (m)	[kama'ron]
kreeft (de)	bogavante (m)	[boga'βante]
langoest (de)	langosta (f)	[lʲan'gosta]

140. Amfibieën. Reptielen

slang (de)	serpiente (f)	[ser'pjente]
giftig (slang)	venenoso (adj)	[bene'noso]

adder (de)	víbora (f)	['biβora]
cobra (de)	cobra (f)	['koβra]
python (de)	pitón (m)	[pi'ton]
boa (de)	boa (f)	['boa]
ringslang (de)	culebra (f)	[ku'leβra]

ratelslang (de)	serpiente (m) de cascabel	[ser'pjente de kaska'βelʲ]
anaconda (de)	anaconda (f)	[ana'konda]

hagedis (de)	lagarto (m)	[lʲa'garto]
leguaan (de)	iguana (f)	[igu'ana]
varaan (de)	varano (m)	[ba'rano]
salamander (de)	salamandra (f)	[salʲa'mandra]
kameleon (de)	camaleón (m)	[kamale'on]
schorpioen (de)	escorpión (m)	[eskorpi'on]

schildpad (de)	tortuga (f)	[tor'tuga]
kikker (de)	rana (f)	['rana]
pad (de)	sapo (m)	['sapo]
krokodil (de)	cocodrilo (m)	[koko'ðrilʲo]

141. Insecten

insect (het)	insecto (m)	[in'sekto]
vlinder (de)	mariposa (f)	[mari'posa]
mier (de)	hormiga (f)	[or'miga]
vlieg (de)	mosca (f)	['moska]
mug (de)	mosquito (m)	[mos'kito]
kever (de)	escarabajo (m)	[eskara'βaχo]

wesp (de)	avispa (f)	[a'βispa]
bij (de)	abeja (f)	[a'βeχa]
hommel (de)	abejorro (m)	[aβe'χoro]
horzel (de)	moscardón (m)	[moskar'ðon]

spin (de)	araña (f)	[a'ranja]
spinnenweb (het)	telaraña (f)	[telʲa'ranja]

libel (de)	libélula (f)	[li'βelʲulʲa]
sprinkhaan (de)	saltamontes (m)	[salʲta'montes]
nachtvlinder (de)	mariposa (f) nocturna	[mari'posa nok'turna]

kakkerlak (de)	cucaracha (f)	[kuka'ratʃa]
teek (de)	garrapata (f)	[gara'pata]
vlo (de)	pulga (f)	['pulʲga]
kriebelmug (de)	mosca (f) negra	['moska 'neɣra]

treksprinkhaan (de)	langosta (f)	[lʲan'gosta]
slak (de)	caracol (m)	[kara'kolʲ]
krekel (de)	grillo (m)	['grijo]
glimworm (de)	luciérnaga (f)	[lʲu'θjernaga]
lieveheersbeestje (het)	mariquita (f)	[mari'kita]
meikever (de)	sanjuanero (m)	[sanχwa'nero]

bloedzuiger (de)	sanguijuela (f)	[sangiχu'elʲa]
rups (de)	oruga (f)	[o'ruga]
aardworm (de)	lombriz (m) de tierra	[lom'briθ de 'tjera]
larve (de)	larva (f)	['lʲarβa]

Flora

142. Bomen

boom (de)	árbol (m)	['arβolʲ]
loof- (abn)	foliáceo (adj)	[foli'aθeo]
dennen- (abn)	conífero (adj)	[ko'nifero]
groenblijvend (bn)	de hoja perenne	[de 'oχa pe'renne]
appelboom (de)	manzano (m)	[man'θano]
perenboom (de)	peral (m)	[pe'ralʲ]
zoete kers (de)	cerezo (m)	[θe'reθo]
zure kers (de)	guindo (m)	['gindo]
pruimelaar (de)	ciruelo (m)	[θiru'elʲo]
berk (de)	abedul (m)	[aβe'ðulʲ]
eik (de)	roble (m)	['roβle]
linde (de)	tilo (m)	['tilʲo]
esp (de)	pobo (m)	['poβo]
esdoorn (de)	arce (m)	['arθe]
spar (de)	pícea (f)	['piθea]
den (de)	pino (m)	['pino]
lariks (de)	alerce (m)	[a'lerθe]
zilverspar (de)	abeto (m)	[a'βeto]
ceder (de)	cedro (m)	['θeðro]
populier (de)	álamo (m)	['alʲamo]
lijsterbes (de)	serbal (m)	[ser'βalʲ]
wilg (de)	sauce (m)	['sauθe]
els (de)	aliso (m)	[a'liso]
beuk (de)	haya (f)	['aja]
iep (de)	olmo (m)	['olʲmo]
es (de)	fresno (m)	['fresno]
kastanje (de)	castaño (m)	[kas'tanjo]
magnolia (de)	magnolia (f)	[maɣ'nolia]
palm (de)	palmera (f)	[palʲ'mera]
cipres (de)	ciprés (m)	[θi'pres]
mangrove (de)	mangle (m)	['mangl]
baobab (apenbroodboom)	baobab (m)	[bao'βaβ]
eucalyptus (de)	eucalipto (m)	[euka'lipto]
mammoetboom (de)	secoya (f)	[se'koja]

143. Heesters

struik (de)	mata (f)	['mata]
heester (de)	arbusto (m)	[ar'βusto]

| wijnstok (de) | vid (f) | [bið] |
| wijngaard (de) | viñedo (m) | [bi'njeðo] |

frambozenstruik (de)	frambueso (m)	[frambu'eso]
zwarte bes (de)	grosellero (m) negro	[grose'jero 'neɣro]
rode bessenstruik (de)	grosellero (m) rojo	[grose'jero 'roxo]
kruisbessenstruik (de)	grosellero (m) espinoso	[grose'jero espi'noso]

acacia (de)	acacia (f)	[a'kaθia]
zuurbes (de)	berberís (m)	[berβe'ris]
jasmijn (de)	jazmín (m)	[xaθ'min]

jeneverbes (de)	enebro (m)	[e'neβro]
rozenstruik (de)	rosal (m)	[ro'salʲ]
hondsroos (de)	escaramujo (m)	[eskara'muxo]

144. Vruchten. Bessen

vrucht (de)	fruto (m)	['fruto]
vruchten (mv.)	frutos (m pl)	['frutos]
appel (de)	manzana (f)	[man'θana]
peer (de)	pera (f)	['pera]
pruim (de)	ciruela (f)	[θiru'elʲa]

aardbei (de)	fresa (f)	['fresa]
zure kers (de)	guinda (f)	['ginda]
zoete kers (de)	cereza (f)	[θe'reθa]
druif (de)	uva (f)	['uβa]

framboos (de)	frambuesa (f)	[frambu'esa]
zwarte bes (de)	grosella (f) negra	[gro'seja 'neɣra]
rode bes (de)	grosella (f) roja	[gro'seja 'roxa]
kruisbes (de)	grosella (f) espinosa	[gro'seja espi'nosa]
veenbes (de)	arándano (m) agrio	[a'randano 'aɣrio]

sinaasappel (de)	naranja (f)	[na'ranxa]
mandarijn (de)	mandarina (f)	[manda'rina]
ananas (de)	piña (f)	['pinja]

| banaan (de) | banana (f) | [ba'nana] |
| dadel (de) | dátil (m) | ['datilʲ] |

citroen (de)	limón (m)	[li'mon]
abrikoos (de)	albaricoque (m)	[alʲβari'koke]
perzik (de)	melocotón (m)	[melʲoko'ton]

| kiwi (de) | kiwi (m) | ['kiwi] |
| grapefruit (de) | toronja (f) | [to'ronxa] |

bes (de)	baya (f)	['baja]
bessen (mv.)	bayas (f pl)	['bajas]
vossenbes (de)	arándano (m) rojo	[a'randano 'roxo]
bosaardbei (de)	fresa (f) silvestre	['fresa silʲ'βestre]
blauwe bosbes (de)	arándano (m)	[a'randano]

145. Bloemen. Planten

bloem (de)	flor (f)	[flʲor]
boeket (het)	ramo (m) de flores	['ramo de 'flʲores]
roos (de)	rosa (f)	['rosa]
tulp (de)	tulipán (m)	[tuli'pan]
anjer (de)	clavel (m)	[klʲa'βelʲ]
gladiool (de)	gladiolo (m)	[glʲa'ðjolʲo]
korenbloem (de)	aciano (m)	[a'θjano]
klokje (het)	campanilla (f)	[kampa'nija]
paardenbloem (de)	diente (m) de león	['djente de le'on]
kamille (de)	manzanilla (f)	[manθa'nija]
aloë (de)	áloe (m)	['alʲoe]
cactus (de)	cacto (m)	['kakto]
ficus (de)	ficus (m)	['fikus]
lelie (de)	azucena (f)	[aθu'sena]
geranium (de)	geranio (m)	[xe'ranio]
hyacint (de)	jacinto (m)	[χa'θinto]
mimosa (de)	mimosa (f)	[mi'mosa]
narcis (de)	narciso (m)	[nar'θiso]
Oost-Indische kers (de)	capuchina (f)	[kapu'ʧina]
orchidee (de)	orquídea (f)	[or'kiðea]
pioenroos (de)	peonía (f)	[peo'nia]
viooltje (het)	violeta (f)	[bio'leta]
driekleurig viooltje (het)	trinitaria (f)	[trini'taria]
vergeet-mij-nietje (het)	nomeolvides (f)	[nomeolʲ'βiðes]
madeliefje (het)	margarita (f)	[marga'rita]
papaver (de)	amapola (f)	[ama'polʲa]
hennep (de)	cáñamo (m)	['kanjamo]
munt (de)	menta (f)	['menta]
lelietje-van-dalen (het)	muguete (m)	[mu'gete]
sneeuwklokje (het)	campanilla (f) de las nieves	[kampa'nija de lʲas 'njeβes]
brandnetel (de)	ortiga (f)	[or'tiga]
veldzuring (de)	acedera (f)	[aθe'ðera]
waterlelie (de)	nenúfar (m)	[ne'nufar]
varen (de)	helecho (m)	[e'leʧo]
korstmos (het)	liquen (m)	['liken]
oranjerie (de)	invernadero (m)	[imberna'ðero]
gazon (het)	césped (m)	['θespeð]
bloemperk (het)	macizo (m) de flores	[ma'θiθo de 'flʲores]
plant (de)	planta (f)	['plʲanta]
gras (het)	hierba (f)	['jerβa]
grasspriet (de)	hoja (f) de hierba	['oχa de 'jerβa]

blad (het)	hoja (f)	['oxa]
bloemblad (het)	pétalo (m)	['petalʲo]
stengel (de)	tallo (m)	['tajo]
knol (de)	tubérculo (m)	[tu'βerkulʲo]
scheut (de)	retoño (m)	[re'tonjo]
doorn (de)	espina (f)	[es'pina]
bloeien (ww)	florecer (vi)	[flʲore'θer]
verwelken (ww)	marchitarse (vr)	[martʃi'tarse]
geur (de)	olor (m)	[o'lʲor]
snijden (bijv. bloemen ~)	cortar (vt)	[kor'tar]
plukken (bloemen ~)	coger (vt)	[ko'xer]

146. Granen, graankorrels

graan (het)	grano (m)	['grano]
graangewassen (mv.)	cereales (m pl)	[θere'ales]
aar (de)	espiga (f)	[es'piga]
tarwe (de)	trigo (m)	['trigo]
rogge (de)	centeno (m)	[θen'teno]
haver (de)	avena (f)	[a'βena]
gierst (de)	mijo (m)	['mixo]
gerst (de)	cebada (f)	[θe'βaða]
maïs (de)	maíz (m)	[ma'iθ]
rijst (de)	arroz (m)	[a'roθ]
boekweit (de)	alforfón (m)	[alʲfor'fon]
erwt (de)	guisante (m)	[gi'sante]
nierboon (de)	fréjol (m)	['frexolʲ]
soja (de)	soya (f)	['soja]
linze (de)	lenteja (f)	[len'texa]
bonen (mv.)	habas (f pl)	['aβas]

LANDEN. NATIONALITEITEN

147. West-Europa

Europa (het)	Europa (f)	[eu'ropa]
Europese Unie (de)	Unión (f) Europea	[u'njon euro'pea]
Oostenrijk (het)	Austria (f)	['austria]
Groot-Brittannië (het)	Gran Bretaña (f)	[gram bre'tanja]
Engeland (het)	Inglaterra (f)	[inglʲa'tera]
België (het)	Bélgica (f)	['belʲxika]
Duitsland (het)	Alemania (f)	[ale'mania]
Nederland (het)	Países Bajos (m pl)	[pa'ises 'baχos]
Holland (het)	Holanda (f)	[o'lʲanda]
Griekenland (het)	Grecia (f)	['greθia]
Denemarken (het)	Dinamarca (f)	[dina'marka]
Ierland (het)	Irlanda (f)	[ir'lʲanda]
IJsland (het)	Islandia (f)	[is'lʲandia]
Spanje (het)	España (f)	[es'panja]
Italië (het)	Italia (f)	[i'talia]
Cyprus (het)	Chipre (m)	['ʧipre]
Malta (het)	Malta (f)	['malʲta]
Noorwegen (het)	Noruega (f)	[noru'ega]
Portugal (het)	Portugal (m)	[portu'galʲ]
Finland (het)	Finlandia (f)	[fin'lʲandia]
Frankrijk (het)	Francia (f)	['franθia]
Zweden (het)	Suecia (f)	[su'eθia]
Zwitserland (het)	Suiza (f)	[su'isa]
Schotland (het)	Escocia (f)	[es'koθia]
Vaticaanstad (de)	Vaticano (m)	[bati'kano]
Liechtenstein (het)	Liechtenstein (m)	[leχten'stejn]
Luxemburg (het)	Luxemburgo (m)	[lʲuksem'burgo]
Monaco (het)	Mónaco (m)	['monako]

148. Centraal- en Oost-Europa

Albanië (het)	Albania (f)	[alʲ'βania]
Bulgarije (het)	Bulgaria (f)	[bul'garia]
Hongarije (het)	Hungría (f)	[un'gria]
Letland (het)	Letonia (f)	[le'tonia]
Litouwen (het)	Lituania (f)	[litu'ania]
Polen (het)	Polonia (f)	[po'lʲonia]

Roemenië (het)	Rumania (f)	[ruˈmania]
Servië (het)	Serbia (f)	[ˈserβia]
Slowakije (het)	Eslovaquia (f)	[eslʲoˈβakia]

Kroatië (het)	Croacia (f)	[kroˈaθia]
Tsjechië (het)	Chequia (f)	[ˈtʃekia]
Estland (het)	Estonia (f)	[esˈtonia]

Bosnië en Herzegovina (het)	Bosnia y Herzegovina	[ˈbosnia i herθexoˈβina]
Macedonië (het)	Macedonia	[maθeˈðonja]
Slovenië (het)	Eslovenia	[eslʲoˈβenia]
Montenegro (het)	Montenegro (m)	[monteˈneɣro]

149. Voormalige USSR landen

| Azerbeidzjan (het) | Azerbaiyán (m) | [aθerβaˈjan] |
| Armenië (het) | Armenia (f) | [arˈmenia] |

Wit-Rusland (het)	Bielorrusia (f)	[bjelʲoˈrusia]
Georgië (het)	Georgia (f)	[xeˈorxia]
Kazakstan (het)	Kazajstán (m)	[kaθaxsˈtan]
Kirgizië (het)	Kirguizistán (m)	[kirgiθisˈtan]
Moldavië (het)	Moldavia (f)	[molʲˈðaβia]

| Rusland (het) | Rusia (f) | [ˈrusia] |
| Oekraïne (het) | Ucrania (f) | [uˈkrania] |

Tadzjikistan (het)	Tayikistán (m)	[tajikisˈtan]
Turkmenistan (het)	Turkmenistán (m)	[turkmenisˈtan]
Oezbekistan (het)	Uzbekistán (m)	[uθbekisˈtan]

150. Azië

Azië (het)	Asia (f)	[ˈasia]
Vietnam (het)	Vietnam (m)	[bjetˈnam]
India (het)	India (f)	[ˈindia]
Israël (het)	Israel (m)	[israˈelʲ]

China (het)	China (f)	[ˈtʃina]
Libanon (het)	Líbano (m)	[ˈliβano]
Mongolië (het)	Mongolia (f)	[monˈgolia]

| Maleisië (het) | Malasia (f) | [maˈlʲasia] |
| Pakistan (het) | Pakistán (m) | [pakisˈtan] |

Saoedi-Arabië (het)	Arabia (f) Saudita	[aˈraβia sauˈðita]
Thailand (het)	Tailandia (f)	[tajˈlʲandia]
Taiwan (het)	Taiwán (m)	[tajˈwan]
Turkije (het)	Turquía (f)	[turˈkia]
Japan (het)	Japón (m)	[xaˈpon]
Afghanistan (het)	Afganistán (m)	[afganisˈtan]
Bangladesh (het)	Bangladesh (m)	[banglʲaˈðeʃ]

Indonesië (het)	**Indonesia** (f)	[indo'nesia]
Jordanië (het)	**Jordania** (f)	[xor'ðania]
Irak (het)	**Irak** (m)	[i'rak]
Iran (het)	**Irán** (m)	[i'ran]
Cambodja (het)	**Camboya** (f)	[kam'boja]
Koeweit (het)	**Kuwait** (m)	[ku'wajt]
Laos (het)	**Laos** (m)	[lʲa'os]
Myanmar (het)	**Myanmar** (m)	[mjan'mar]
Nepal (het)	**Nepal** (m)	[ne'palʲ]
Verenigde Arabische Emiraten	**Emiratos** (m pl) **Árabes Unidos**	[emi'rates 'araβes u'niðos]
Syrië (het)	**Siria** (f)	['siria]
Palestijnse autonomie (de)	**Palestina** (f)	[pales'tina]
Zuid-Korea (het)	**Corea** (f) **del Sur**	[ko'rea delʲ sur]
Noord-Korea (het)	**Corea** (f) **del Norte**	[ko'rea delʲ 'norte]

151. Noord-Amerika

Verenigde Staten van Amerika	**Estados Unidos de América** (m pl)	[es'tados u'niðos de a'merika]
Canada (het)	**Canadá** (f)	[kana'ða]
Mexico (het)	**Méjico** (m)	['meχiko]

152. Midden- en Zuid-Amerika

Argentinië (het)	**Argentina** (f)	[arχen'tina]
Brazilië (het)	**Brasil** (m)	[bra'silʲ]
Colombia (het)	**Colombia** (f)	[ko'lʲombia]
Cuba (het)	**Cuba** (f)	['kuβa]
Chili (het)	**Chile** (m)	['tʃile]
Bolivia (het)	**Bolivia** (f)	[bo'liβia]
Venezuela (het)	**Venezuela** (f)	[beneθu'elʲa]
Paraguay (het)	**Paraguay** (m)	[paragu'aj]
Peru (het)	**Perú** (m)	[pe'ru]
Suriname (het)	**Surinam** (m)	[suri'nam]
Uruguay (het)	**Uruguay** (m)	[urugu'aj]
Ecuador (het)	**Ecuador** (m)	[ekua'ðor]
Bahama's (mv.)	**Islas** (f pl) **Bahamas**	['islʲas ba'amas]
Haïti (het)	**Haití** (m)	[ai'ti]
Dominicaanse Republiek (de)	**República** (f) **Dominicana**	[re'puβlika domini'kana]
Panama (het)	**Panamá** (f)	[pana'ma]
Jamaica (het)	**Jamaica** (f)	[χa'majka]

153. Afrika

Egypte (het)	**Egipto** (m)	[e'χipto]
Marokko (het)	**Marruecos** (m)	[maru'ekos]
Tunesië (het)	**Túnez** (m)	['tuneθ]
Ghana (het)	**Ghana** (f)	['gana]
Zanzibar (het)	**Zanzíbar** (m)	[θan'θiβar]
Kenia (het)	**Kenia** (f)	['kenia]
Libië (het)	**Libia** (f)	['liβia]
Madagaskar (het)	**Madagascar** (m)	[maðagas'kar]
Namibië (het)	**Namibia** (f)	[na'miβia]
Senegal (het)	**Senegal** (m)	[sene'galʲ]
Tanzania (het)	**Tanzania** (f)	[tan'θania]
Zuid-Afrika (het)	**República** (f) **Sudafricana**	[re'puβlika suð·afri'kana]

154. Australië. Oceanië

Australië (het)	**Australia** (f)	[aus'tralia]
Nieuw-Zeeland (het)	**Nueva Zelanda** (f)	[nu'eβa θe'lʲanda]
Tasmanië (het)	**Tasmania** (f)	[tas'mania]
Frans-Polynesië	**Polinesia** (f) **Francesa**	[poli'nesia fran'θesa]

155. Steden

Amsterdam	**Ámsterdam**	['amsterðam]
Ankara	**Ankara**	[aŋ'kara]
Athene	**Atenas**	[a'tenas]
Bagdad	**Bagdad**	[baɣ'ðað]
Bangkok	**Bangkok**	[baŋ'kok]
Barcelona	**Barcelona**	[barθe'lʲona]
Beiroet	**Beirut**	[bej'rut]
Berlijn	**Berlín**	[ber'lin]
Boedapest	**Budapest**	[buða'pest]
Boekarest	**Bucarest**	[buka'rest]
Bombay, Mumbai	**Mumbai**	[mum'baj]
Bonn	**Bonn**	[bon]
Bordeaux	**Burdeos**	[bur'ðeos]
Bratislava	**Bratislava**	[brati'slʲaβa]
Brussel	**Bruselas**	[bru'selʲas]
Caïro	**El Cairo**	[elʲ 'kajro]
Calcutta	**Calcuta**	[kalʲ'kuta]
Chicago	**Chicago**	[ʧi'kago]
Dar Es Salaam	**Dar-es-Salam**	[dar·es·sa'lʲam]
Delhi	**Delhi**	['deli]
Den Haag	**la Haya**	[lʲa 'aja]

Dubai	Dubai	[du'βaj]
Dublin	Dublín	[du'βlin]
Düsseldorf	Dusseldorf	['dusselʲðorf]
Florence	Florencia	[flʲo'renθia]
Frankfort	Fráncfort del Meno	['fraŋkfort delʲ 'meno]
Genève	Ginebra	[χi'neβra]
Hamburg	Hamburgo	[am'burgo]
Hanoi	Hanói	[a'noi]
Havana	La Habana	[lʲa a'βana]
Helsinki	Helsinki	[χelʲsiŋki]
Hiroshima	Hiroshima	[iro'ʃima]
Hongkong	Hong Kong	[χoŋ 'koŋ]
Istanbul	Estambul	[estam'bulʲ]
Jeruzalem	Jerusalén	[χerusa'len]
Kiev	Kiev	['kiev]
Kopenhagen	Copenhague	[kope'nage]
Kuala Lumpur	Kuala Lumpur	[ku'alʲa lʲum'pur]
Lissabon	Lisboa	[lis'βoa]
Londen	Londres	['lʲondres]
Los Angeles	Los Ángeles	[los 'anχeles]
Lyon	Lyon	[li'on]
Madrid	Madrid	[ma'ðrið]
Marseille	Marsella	[mar'seja]
Mexico-Stad	Ciudad de México	[θju'ðað de 'meχiko]
Miami	Miami	['mijami]
Montreal	Montreal	[montre'alʲ]
Moskou	Moscú	[mos'ku]
München	Múnich	['mʲunik]
Nairobi	Nairobi	[naj'roβi]
Napels	Nápoles	['napoles]
New York	Nueva York	[nu'eβa 'jork]
Nice	Niza	['niθa]
Oslo	Oslo	['oslʲo]
Ottawa	Ottawa	[ot'taβa]
Parijs	París	[pa'ris]
Peking	Pekín	[pe'kin]
Praag	Praga	['praga]
Rio de Janeiro	Río de Janeiro	['rio de χa'nejro]
Rome	Roma	['roma]
Seoel	Seúl	[se'ulʲ]
Singapore	Singapur	[singa'pur]
Sint-Petersburg	San Petersburgo	[san peters'βurgo]
Sjanghai	Shanghái	[ʃan'gaj]
Stockholm	Estocolmo	[esto'kolʲmo]
Sydney	Sydney	['siðnej]
Taipei	Taipei	[taj'pej]
Tokio	Tokio	['tokio]
Toronto	Toronto	[to'ronto]

Venetië	**Venecia**	[be'neθia]
Warschau	**Varsovia**	[bar'soβia]
Washington	**Washington**	['waʃiŋton]
Wenen	**Viena**	['bjena]

www.ingramcontent.com/pod-product-compliance
Lightning Source LLC
Chambersburg PA
CBHW070553050426
42450CB00011B/2846